汉语语气词的互动语言学研究

AN INTERACTIONAL LINGUISTICS STUDY ON MANDARIN MODAL PARTICLES

刘锋 ◎ 著

大连理工大学出版社

图书在版编目（CIP）数据

汉语语气词的互动语言学研究 / 刘锋著. -- 大连：大连理工大学出版社, 2024. 10. -- ISBN 978-7-5685-5041-3

Ⅰ. H146.1

中国国家版本馆 CIP 数据核字第 202414NK10 号

大连理工大学出版社出版
地址：大连市软件园路 80 号　邮政编码：116023
营销中心：0411-84708842　84707410　传真：0411-84706041
E-mail：dutp@dutp.cn　URL：https://www.dutp.cn

大连市东晟印刷有限公司印刷　　　　大连理工大学出版社发行

幅面尺寸：168mm×235mm　　印张：10.5　　字数：261 千字
2024 年 10 月第 1 版　　　　　　　　2024 年 10 月第 1 次印刷

责任编辑：张晓燕　孙　扬　　　　　　责任校对：于　洋
　　　　　　　　　封面设计：顾　娜

ISBN 978-7-5685-5041-3　　　　　　　　　定　价：98.00 元

本书如有印装质量问题，请与我社营销中心联系更换。

前言

自《马氏文通》以来，汉语语气词就因其功…围广、频率高而一直是学术界研究的难点和热点…词研究与中西方语言理论的有机融合，进而助力…言学理论体系构筑，也是语言工作者在中国特色哲…构中所要肩负之重任。互动语言学作为功能主义学…推进的重要发展方向之一，所秉持的"以自然口语…象，以实证主义的态度分析处理材料"的研究理念…"实时交互性"高度契合，二者结合必将有所作为。

本研究具有一定的理论意义：

（1）揭示汉语语气词的共性与个性，探索汉语语…框架和新范式，为汉语本体研究和理论研究作贡献。

（2）基于汉语语言事实，助力互动语言学理论方法…土化构建。

同时本研究还具有应用价值：

（1）深入汉语语气词概念及功能系统，探究语气词…社会文化的关系，展现语气词的本质、属性和功能，为人…中的语气词识别与计算提供依据。

（2）语气词的合理运用对自然会话中人际关系的疏导…具有一定的现实意义。

（3）最终成果可以直接应用于对外汉语教学实践，助力…汉语虚词的教学瓶颈。

目 录

第 1 章 导 言 ·· 1
1.1 研究缘起 ·· 1
1.2 研究定位及研究意义 ·· 1
1.3 研究框架 ·· 3
1.4 研究重点与难点 ·· 4
1.5 研究目标 ·· 4
1.6 全书构架 ·· 5

第 2 章 文献综述 ·· 7
2.0 引言 ·· 7
2.1 国外汉语语气词研究 ·· 7
2.2 国内汉语语气词研究 ·· 11
2.3 小结 ·· 14

第 3 章 互动语言学理论框架搭建 ·· 17
3.1 互动语言学理论缘起 ·· 17
3.2 互动语言学的主要学术观点 ·· 19
3.3 互动语言学的主要研究理念 ·· 20
3.4 互动语言学理论框架搭建 ·· 22
3.5 研究面临的主要问题 ·· 25
3.6 研究发展趋势 ·· 26
3.7 互动语言学最新发展动态（一） ·· 28
3.8 互动语言学最新发展动态（二） ·· 38
3.9 小结 ·· 48

第 4 章 研究方法及语料 ·· 51
4.0 引言 ·· 51
4.1 前人研究方法中存在的主要问题 ·· 51

  4.2 本书研究方法 ……53
  4.3 小结 ……58

第 5 章 负面情感立场标记：句中语气词"哒" ……63
  5.0 引言 ……63
  5.1 句中"哒"的核心句法功能及基本语法意义 ……65
  5.2 句中"哒"的定量统计分析 ……68
  5.3 句中"哒"：负面情感立场标记 ……69
  5.4 句中"哒"的其他相关功能 ……75
  5.5 句中"哒"的其他相关功能形成动因 ……78
  5.6 小结 ……79

第 6 章 话轮组织标记：句末语气词"哦" ……85
  6.0 引言 ……85
  6.1 台湾汉语、粤语方言与汉语普通话句末"哦" ……87
  6.2 句末"哦"的定量统计分析 ……96
  6.3 句末"哦"：话轮组织标记 ……98
  6.4 句末"哦"的主观性分析 ……123
  6.5 小结 ……132

第 7 章 结语 ……135
  7.1 研究发现 ……135
  7.2 研究结论 ……136
  7.3 本项研究对汉语语法研究的启示 ……138
  7.4 研究不足及进一步研究的构想 ……144

参考文献 ……147

附录Ⅰ 主要会话参与者编码信息 ……157

附录Ⅱ 转写规则注释 ……158

后记 ……159

第1章 导　言

1.1 研究缘起

语气词（modal particles）因用法活跃、功能多样、特点鲜明而一直是国内外语言学界前沿的研究议题，但同时也因其语义空灵而使得学者们的研究难以获得一致看法。以现代汉语中使用频率很高的语气词"呢"为例，学者们的看法就各不相同。赵元任（1979）和吕叔湘（1979）采用列举式分析法，将句末"呢"分为4种；而屈承熹（1998）运用同样的方法列举出"呢"的8种用法；曹逢甫（2000）和齐沪扬（2002）从语法化理论视角考察"呢"的意义演变后分别总结出"呢"的5种和6种用法；李讷和汤普森（Li & Thompson, 1981）、林锦荣（1981）及阿勒通（Alleton, 1981）等运用"共同成分分析法"得出的结论又有所不同，他们认为语气词"呢"实际上只有一个恒常语义，当这个语义和语境产生互动后就衍生出不同的意义。

学者们基于不同理论背景、从不同角度对语气词"呢"的意义和用法进行分析，然后各自得出结论的做法几乎可以看作汉语语气词研究的一个缩影。马真（2007：288）据此指出，目前对汉语语气词的研究还远远不够，对于这样一个个性极强且用法十分复杂的虚词来说，学者们需要一个一个深入研究说明。因此，运用何种理论框架和研究方法对语气词进行全面、准确的刻画，并对各种意义和功能之间的深层关系做出解释，从而避免对语言现象单纯的罗列和描写成为本研究的原动力之一。

1.2 研究定位及研究意义

"互动语言学（Interactional Linguistics）"作为功能主义语言学派近年来

着力推进的研究领域和重要发展方向,针对语言静态研究方法存在的缺陷,强调"互动"分析视角和基于自然口语语料的动态分析,旨在探讨真实口语交际中语言结构及运作模式与互动交际的相互影响。互动语言学的"互动"核心理念与语气词的"交互属性(interactive in nature)"高度契合,基于互动语言学的语气词研究前景广阔。

　　本研究在互动语言学理论和研究方法的大框架下,在湖南、陕西、北京等地的不同语境中(如超市营业员与顾客、教师与学生/家长、上司与下属、家庭成员之间、朋友之间、熟人之间、路人之间等),采用 DRS 软件对说话者的话语和身势语同步进行采录并获取语料约 200 小时①,然后运用 Elan 软件自建一个定位准确、检索方便的音频、视频、文字逐句关联的语料库。基于该自建多模态口语语料库,本研究采用互动语言学倡导的"会话分析方法",对汉语自然口语中的语气词功能展开全面、系统的描述和分析,目的在于通过对语气词多种功能之间深层关系的阐释,从理论层面上得出对语气词本质的崭新认识。

　　作为现代汉语中最重要的虚词之一,语气词在汉语研究中一直占有极为重要的地位。它在自然口语中使用频率较高,个性很强且运用复杂,如何全面、准确地对这类词进行描述和分析,并对不同功能之间的深层关系做出解释已经成为研究中的一大难点。本研究以汉语语气词为对象,在互动语言学理论与研究方法的框架下展开,具有以下几个重要意义:

(1) 研究有助于揭示汉语语法规律②

　　汉语是一种形态特征很不发达的分析性语言,许多在印欧语言中由实词的屈折形式承担的语法任务,在汉语中往往要借助语气词来完成。对汉语语气词详尽透彻的研究有助于全面、深刻地揭示汉语语法规律。

(2) 研究有助于创建符合汉语语气词特点的理论研究体系

　　本研究基于汉语语气词个案的研究结果,对互动语言学理论和方法进行大胆补充和修正,并尝试创建符合汉语语气词特点的理论研究体系。

(3) 研究有助于中国语言资源保护工程的开展

　　本研究所收集、建设的汉语自然口语多模态语料库经转写、标记等加工程序后将以数据库、互联网、博物馆、语言实验室等形式向学界和社会提供服务。另外,汉语自然口语多模态语料库的建设思路能为"中国语言资源保护工程"的实施方法与技术研究提供可操作性的建议。

总体上看，本研究的开展为解决长期困扰语气词研究的难题提供合理的理论框架和研究方法，且问题的解决还有助于推动汉语本体研究。首先，本研究力求将"互动语言学理论和研究方法"与汉语研究的实际情况相结合，这一思路为后续同类型研究搭建了一个较为合理的理论框架。其次，全文运用"会话分析"和"语料库语言学"等手段，通过定量和定性相结合的方式来解决汉语语气词研究中的实际问题，这又为语气词的研究提供了可资借鉴的研究方法。

1.3 研究框架

本研究的展开框架大致分为4个部分，具体如下：

（1）汉语自然口语多模态语料库的完善

研究团队在湖南、陕西、北京等地的不同语境中（如超市营业员与顾客、教师与学生/家长、上司与下属、家庭成员之间、朋友之间、熟人之间、路人之间等）收集多模态语料，进一步扩充和完善前期约30万字的多模态语料库。

（2）汉语语气词研究的互动语言学框架的搭建

互动语言学研究所秉持的"互动"核心理念与语气词的"交互属性"高度契合，而为汉语语气词研究搭建互动语言学框架则有助于进一步完善对其本质的认识。本研究在梳理互动语言学缘起与发展及其核心学术观点的基础上，以"互动"为研究视角，以基于自然口语语料的会话分析为主要研究方法，遵循"微观层面上的单个分析＋宏观层面上的整体探讨"之研究路径，以实现对语气词性质、特征、规律的理论总结为研究目标，为汉语语气词研究搭建互动语言学框架。

（3）微观层面上的单个分析

本研究在互动语言学框架下，基于自建多模态语料库，通过对汉语语气词具体义项、话语功能和句法结构的深层关系及内在联系的分析和解释，逐个刻画其运作机制。微观层面上的研究是本研究取得突破的基础和前提。

（4）宏观层面上的整体探讨

宏观层面上的整体探讨基于微观层面上单个分析的结果，以互动语言学的"互动"核心理念为统领，进一步将语气词的具体义项、话语功能和句法结构视为一个互为实现、紧密联系的整体，并考虑会话交际过程中的话语序列位置、会话参与者的身势和眼神等多模态特征以及交际目标和语境等诸多因素的互动，最终形成对汉语语气词性质、特征、规律的理论总结。本研究基于大量汉语语气词的研究实际，反过来对互动语言学的理论和方法进行大胆的补充和修正，并尝试创建符合汉语语气词特点的理论研究体系。

1.4 研究重点与难点

（1）研究重点

互动语言学研究所秉持的"互动"核心理念与语气词的"交互属性"高度契合，如何为汉语语气词研究搭建互动语言学框架并有助于进一步完善对其本质的认识，是本研究的重点之一。本研究以此为契机，在阐述互动语言学缘起与发展及主要学术观点的基础上，以"互动"理念为主线，从研究视角、研究方法及研究目标三个维度为汉语语气词研究搭建互动语言学框架，并在互动语言学框架下开展汉语语气词的个案研究，这是本研究的另一重点所在。

（2）研究难点

汉语语气词在宏观层面上的整体探讨及理论总结是本研究的一大难点。另外，多媒体语料库的标注、精准转写及数据呈现也是本研究所面临的另一大挑战。

1.5 研究目标

本研究的主要目标体现在微观层面、宏观层面及研究方法上，具体如下：

（1）在微观层面，本研究拟在互动语言学理论和研究方法的大框架下，借助自建多模态语料库，对汉语语气词的具体义项、话语功能和句法结构的深层关系及内在联系进行分析和解释，并逐个刻画其运作机制，丰富汉语语气词的研究文献。

（2）在宏观层面，本研究拟通过对汉语语气词的性质、特征、规律加以充分的揭示与理论总结，力求为汉语语气词研究带来突破性的进展。基于大量的汉语语气词事实，本研究还能对互动语言学理论和方法进行大胆的补充和修正，逐步创建符合汉语语气词特点的理论研究体系。

（3）在研究方法上，本研究拟展示互动语言学强调的"互动"核心理念,以及会话分析研究方法与多模态语料库相结合在汉语语气词研究中的可行性和有效性。

1.6 全书构架

本书除第1章导言外,余下五章内容安排如下:

第2章"文献综述",对国内外语气词相关研究成果展开评述,为本研究的理论框架搭建提供实证依据和启发。

第3章"互动语言学理论框架搭建",首先对互动语言学理论和研究方法的缘起与发展以及主要观点进行论述和总结,并从研究视角形成、研究方法选择及研究目标确立三个方面进一步为汉语语气词研究搭建全新的理论框架,然后指出互动语言学框架下汉语语气词研究可能面临的问题及未来发展趋势,最后对互动语言学最新发展动态进行论述和总结,力求为读者提供一幅该领域发展较为完整的图画。

第4章"研究方法及语料准备"主要包括四节:第一节指出前人研究方法中存在的主要问题;第二节针对前人研究的问题提出解决办法,即本研究的研究方法;第三节和第四节分别介绍语料准备情况和语料转写规则及实例。本章严格遵循会话分析的研究理念,从语料准备、转写体系及基本分析方法三个方面为汉语语气词研究的展开搭建操作平台。

第5章"负面情感立场标记:句中语气词'呔'"和第6章"句末语气词'哦'"是本研究的核心部分,作者采用定量和定性相结合的方式,分别对汉语自然口语中的句中语气词"呔"和句末语气词"哦"进行分析。其中既有对语气词总体使用情况的描写和统计,也有对具体会话案例的细致考察,实现宏观整体探讨和微观个体研究相结合以及语言事实的描写与解释相结合。

第7章"结语"总结了本研究的重要发现,同时对本研究存在的一些问题做出简要分析,并对后续研究提出建议。

● 注释：

① 本研究严格遵循科学研究语料收集的伦理道德条款，尊重会话参与者的个人隐私，最终用于语料库建设、分析及刊出的语料均获得语料提供者本人的允准。

② 众所周知，汉语是一种形态特征很不发达的分析性语言，许多在印欧语言中分别由各类实词的屈折形式承担的语法任务，在汉语中往往要借助助词、副词、语气词、标记词乃至方位词、趋向词等各种虚词来完成。当然，汉语的介词、连词等虚词也承担了各种重要的语法任务，只是在其他语言中也有各具特色的介词、连词。就汉语虚词自身的特点来看，尽管绝对数量并不是很多，但功能和用法纷繁多样，不但使用范围广、频率高，而且其内部各小类和成员之间个性突出、功能不一、用法多样、参差不齐，缺乏系统性和类推性。因此，要想全面深刻地揭示汉语语法规律、科学合理地阐释语法形式和语法意义之间对应或不对应的关系，就必须花大力气对各类虚词进行尽可能详尽透彻的研究。也正因为汉语虚词具有如此重要的地位，所以，自《马氏文通》以来，尤其是最近这 30 多年来，现代汉语虚词一直是汉语语法研究的热点和重点。人们从不同的角度和层面、运用不同的理论和方法，对汉语虚词的各个领域展开了多角度的研究，取得了多方面的收获。

纵观整个汉语语法研究史可以清楚地发现，自 20 世纪 80 年代初至今的 30 多年来，汉语虚词的研究已经进入了一个全盛的时期。学者们发表了大量各具特色的虚词研究论文与专著，其中很多成果不乏真知灼见。尤其是大多数研究已不再满足于对各类虚词用法进行词典式一条条义项的描写，而是开始注意到这些语法意义之间的沟通，以建立起语法意义的网络系统；不仅仅是对个别虚词做孤立的分析，而是开始注意到类聚虚词或相关虚词的综合与比较；不仅仅是单视角地就虚词研究虚词，而是多视角地把虚词跟句法结构、语用功能乃至认知背景等紧密地联系起来进行研究；也不仅仅是共时地、静态地对虚词进行描写与分析，而是历时地、动态地进行纵横互证的研究与探讨。20 世纪 80 年代以来，汉语虚词研究最重要的发展就是打破了传统观念的束缚，在理论上兼收并蓄，方法上博采众长，可以说已经取得了突破性的进展。汉语虚词研究更是出现了欣欣向荣的繁荣景象。(张谊生，2016：74-75)

第 2 章 文献综述

2.0 引言

本章对国内外语气词研究的相关成果展开梳理和评述，旨在为本研究的互动语言学理论和研究方法的框架搭建奠定基础。文献综述结果显示，在国外语言学界，基于互动语言学理论的语气词研究俨然成了一种发展态势（Luke，1990；Wu，2004，2014；Wong & Gupta，1992，2004，2010 等），反观国内学界，汉语语气词研究虽是一大热点，但相对于国外同行，我们在研究理念和方法上仍然较为传统，特别是互动语言学框架下展开的研究较为鲜见。

2.1 国外汉语语气词研究

国外有关汉语语气词的研究主要集中在三个方面：

（1）借鉴认知、功能及类型学理论，充分挖掘汉语语气词的语用特征和深层内涵

重要论著有向雪花（Xiang，2006）、向雪花和施特劳斯（Xiang & Strauss，2009，2011，2012）对中国海南省临高语 c 句末语气词的探讨。向雪花（Xiang，2006）首先在其博士论文《中国海南狮山话交际小品词的话语—语用学研究》[*A Discourse-Pragmatic Study of Interactional Particles in Shishan (Hainan Island, P.R. China)*] 中，基于所搜集到的海南临高语自然口语会话，从"话语—语用"的视角（discourse-pragmatic perspective）出发，系统地讨论了临高语句末语气词 *ey*、*lāh*、*lo*。她初步发现，临高语句末语气词 *ey*、*lāh*、*lo* 的语法规则、语义及功能并非如传统语言学所认为的"事先既定（predetermined）"，而是由交互双方在人际互动过程中，为实

现特定的交际目的而"磋商（negotiation）"形成的，远非单纯地标示说话者的不同语气和情态；向雪花和施特劳斯（Xiang & Strauss，2009，2011，2012）随后拓展了博士论文的研究内容，分别在《语用学杂志》（*Journal of Pragmatics*）及《语法和社会》（*Discourse and Society*）等刊物上发表文章，将临高语句末语气词 ey、lāh、lo 与一众亚洲语言如粤语句末语气词 lo、普通话句末语气词 me 及新加坡英语句末语气词 lor 等进行跨语言对比，更进一步证实了临高语句末语气词比起其他语言中的语气词具有更强的交互主观性（intersubjectivity）④。

（2）遵循互动语言学理论和会话分析研究方法，讨论汉语语气词在自然口语中的用法

国外学界在互动语言学理论框架下运用会话分析手段开展语气词研究已成为一种发展态势（Luke，1990；Wu，2004，2014；Xiang & Strauss，2006，2009，2011，2012；Wong & Gupta，1992，2004，2010；Hiramoto，2012；Smakman & S. Wagenaar，2013 等），其中陆镜光（Luke, Kang Kwong）和吴瑞娟（Ruey-Jiuan Regina, Wu，2004，2014）的研究最具代表性，二人的研究为本研究提供了实证依据和重要启示。

最早将汉语语气词研究置于互动语言学理论框架中的是新加坡南洋理工大学文学院的陆镜光⑤，他于 1990 年在约翰·本杰明（John Benjamins）公司出版了一部专门讨论粤语方言语气词的著作《粤语会话中的话语小品词》（*Utterance Particles in Cantonese Conversation*）。他在书中重点分析了粤语方言句末语气词 la、lo、wo 后得出结论：句末语气词 la、lo、wo 本质上具有"指示性（essentially indexical）"，但此种"指示性"并非事先既定，而是根据三个句末语气词在会话中所处的不同序列位置和语境变化而逐渐"浮现（emerge）"，且 la、lo、wo 的使用反过来又对语境进行塑造。陆镜光的研究充分体现了互动语言学的动态原则，即意义和语境都是不断变化的，且二者存在辩证关系。

基于陆镜光的研究，吴瑞娟（2004）在其以博士论文为基础发表的专著《交谈中的立场：汉语普通话句末语气词的会话分析》（*Stance in Talk: A Conversation Analysis of Mandarin Final Particles*）中对台湾汉语句末语气词"ou（噢）""a（啊）"的深入研究则具有里程碑意义。吴瑞娟的语料主要来自家庭成员之间和朋友间的会话，具体包括 7 次电话交谈的录音和 4 次多人

面对面聊天的录像，总时长约为 12 小时。研究围绕两个语气词 ou 和 a 展开，且它们出现的位置均为一个话轮构建单位（a turn constructional unit）的末尾。吴瑞娟强调，之所以将句末语气词 ou 和 a 作为研究对象，并非由于二者在汉语语气词中的地位最为重要，而是因为在所收集到的语料中，ou 和 a 出现的频率最高。句末语气词 ou 普遍被认为是说话者对听话者的一种提醒、警示标记，或表达说话者的惊叹。但吴瑞娟认为，通过会话分析，着重考察语言结构及其运用模式与会话参与者间的互动交流是如何相互影响并塑造说话者的立场，定能使语气词 ou 的挖掘更为系统、全面。基于所收集到的会话语料，吴瑞娟将句末 ou 分为"无标记"和"有标记"两种形式。其中，无标记的 ou 为低音调，主要出现在应答话轮中，用于说话者向先前说话者寻求确认或说话者认为先前说话者所述内容含有未知信息，要求其做出解释。而有标记的 ou 为高或动态音调（dynamic pitch movement，如高降调或中升调），被用来强调事态的非常特征（emphasize the extraordinary character of a state of affairs）。尽管两种形式功能各异，但都能表达说话者的立场。如使用无标记的 ou 时，说话者就未知信息向先前说话者寻求解释，因而先前说话者被置于"信息发布的权威位置（authority over the information）"，说话者则处于被动接收信息的位置；有标记的 ou 则体现说话者对先前所述内容的不赞同、抱怨甚至对先前说话者轻微嘲弄的情感立场。

吴瑞娟对汉语句末语气词 a 的研究思路与 ou 大体上一致。她根据音调不同，将 a 分为低音调和平或稍高音调。低音调的 a 通常用来构成疑问句，用于说话者对不明事物的询问。平或稍高音调的 a 则正好与之相反，它在绝大多数情况下并不具有疑问功能，而是体现说话者不同的立场，如说话者对先前说话者所述内容的反驳，认为受话者应了解某些信息而实际上他不了解时所表现出来的惊奇等。

吴瑞娟于 2014 年 3 月发表在语用学研究权威期刊《语用学杂志》（Journal of Pragmatics）上的文章《新话轮开启管理：汉语会话中哎（ei）作为发端语的话轮设计》（"Managing turn entry：The design of EI-prefaced turns in Mandarin conversation"）是互动语言学理论与汉语语气词研究的一次成功联姻，同时展示了该领域的最新研究方向。基于 35 小时的自然口语语料，吴瑞娟调查了汉语多人会话中，会话参与者发起或争夺话轮时，发端语"哎"的不同韵律特征与话语功能。研究发现，在书面语体中，语气词"哎"

与后语段成分通常是被逗号或感叹号隔开而形成一个独立的韵律单位。但在自然口语会话中，情况并非总是如此。当话轮转换发生在"转换关联位置（transition-relevance place，简称 TRP）"时⑥，语气词"哎"通常占据一个独立的语调单位，具有帮助说话者发起话轮的作用。如下例(1)（转引自吴瑞娟，2014：143）：

例（1）
（（J、C、B 三好友闲聊，他们认为朋友们在美国生活期间都附带学会了英语））
1J：英语都＿学得不错的。
2C：嗯。
3：(0.5)
4B：哎，那个＿他们在美国的，他们一般都学会了。

上例(1)中，C 的反馈标记"嗯"标志着话轮结束，同时留下话轮转换关联位置，即任意说话者可以在此时继续说话。因此在0.5秒的短暂停顿后，B 使用独立韵律的语气词"哎"发起了新话轮。

当话轮转换发生在非转换关联位置，即当前话轮仍在继续，但另一说话者"争夺话轮"时，语气词"哎"与后语段联合成同一语调单位，帮助说话者抢占话轮。与例(1)中说话者 B 从容发起新话轮不同，下例(2)中，语气词"哎"与后语段韵律上的紧密融合实际上是说话者 M 急于获得话轮的"仓促（rush in）"表现。（转引自吴瑞娟，2014：147）：

例（2）
（（J 抱怨自己运气不好，但 M 却认为 J 所从事的翻译行业前景可期））
1J：我就＿我这个人就运气＿［特不好
2M：　　　　　　　　　　　［哎＝你不是搞翻译吗？

通过对诸如上述两例真实会话语料的深入分析，吴瑞娟认为汉语语气词"哎"的不同韵律形式与话语功能的实现并非是某种既定规则的产物，而是在会话过程中，随着二者与话轮转换位置等因素间的互动而临时"浮现"并不断变化的。吴瑞娟的研究基于"互动"的理念，探讨了以往汉语语气词研究中被忽视的韵律特征、语言功能和话轮转换位置间的互动关系，这无疑给予了本研究极大的启示。

（3）从"句法—音韵"接口视角入手，详细分析汉语语气词与语调、声调等超音段成分的互动关系

如韦克菲尔德（Wakefield，2010）通过对粤语语气词"啰""吖嘛""咩"和"呀"的实验语音学研究展示了语气词跟语调的密切关系。研究发现，汉语语气词体系丰富，这与汉语是声调语言有着某种联系，而声调又与语调相互作用，语气词很可能是"声调—句调"相互作用的结果，将来的研究如能从句调角度讨论语气词的功能，则将可能有更多的发现。

2.2 国内汉语语气词研究

国内有关汉语语气词研究一直是学界热点，主要体现在以下六个方面：

（1）为汉语语气词研究寻求行之有效的西方语言学理论和研究方法

如刘锋、张京鱼（2017，2018）基于汉语事实，分别从研究视角、研究方法和研究目标三个维度为汉语语气词研究搭建互动语言学框架。两位学者认为，互动语言学针对传统语言静态研究方法的缺陷，强调"互动"分析视角和基于自然口语语料的动态分析，旨在探讨真实口头言语交际中的语言结构及运作模式与互动交流的相互影响。他们认为，互动语言学的"互动"理念与语气词的"交互属性"相契合，为汉语语气词研究搭建互动语言学框架有助于进一步完善对其本质的认识。两位学者同时还指出了互动语言学理论和研究方法以及汉语语气词研究面临的主要问题和发展趋势。

（2）运用结构主义描写和分析方法，对汉语语气词的功能、意义和用法做详尽的描写和归纳

如方小燕（2003）在其《广州方言句末语气助词》一书中，把属于语气系统的广州话句末语气助词在句子表述中的作用穷尽式地展示了出来，使人们得以比较全面系统地认识其庐山真面目。书中对广州话句末语助词的功能、属性、所具有的使用规律、在信息传达上具有的特别意义以及其对句子语义、句子自足、句类形式的区别等所产生的作用都做了详尽的剖析；伍云姬（2006）主编的《湖南方言语气词》收录了24篇单点方言论述，主要对湖南省隆回湘语、岳阳、常德、娄底、衡阳、邵阳、吉首等24个县市的方言语气词语料进行发掘及详细描写，并在此基础上对方言语气词和汉语普

通话语气词间的相互影响和转化进行了深入的理论探索。另外，还有林华勇（2015）、吴早生和郭艺丁（2018）、孙竞（2018）等分别对广东廉江粤语方言句末语气助词、安徽旌德三溪话疑问标记"唉"以及安徽凤台官话方言语气词"来"进行研究。

（3）运用语法化理论，将汉语语气词历时演化与共时变异结合起来研究

代表性论著有：陆镜光（2005）对粤语方言"呢""嗱"、吴方言"喏"、长沙话"喋"等句首指示小品词的研究后发现，跟其他叹词一样，它们能在句首出现，可以独立成句，但同时又有明显的指示作用。它们都有两种主要的用法：手势用法（或现场用法）和象征用法（或非现场用法）。前者应是本来的用法，经虚化而成后者；邢向东、周利芳（2006，2013）对陕北神木话准语气词"是"和语气副词"敢"研究后发现，小品词"是"常出现于疑问句末，可分为四小类，"是"表语气的作用不同，其语法化程度也有差异，"是"由语气副词演化为准语气词，由语用层面进入句法层面。"敢"的基本作用是表达确认语气，即主观上认为"确实如此"的抽象意义，用于多种句型和句类。研究还结合元代汉语文献，认为小品词"敢"是表可能的助动词"敢"的进一步语法化的结果；李小军（2008）对南部主要省份以及西北各省方言语气词"呏"的研究显示，语气词"呏"分布在南部主要省份以及西北各省等，因为在不同方言里语音的差异或不明来源而产生了多个变体字。现代汉语方言中的"呏"和"些"是同一个语气词，"呏"源于"些"的音变，而语气词"些"由量词"些"语法化而来。普通话里看不到语气词"些"或"呏"，可能是被金元以来的语气词"罢（吧）"取代了，而在有语气词"呏""些"的方言区，语气词"罢（吧）"很少使用。张邱林（2015）对河南陕县方言情感助词"屄""屌""巴"的讨论结果认为：陕县方言中"屄""屌""巴"从性器官名词变成情感助词是语言成分主观化的一个案例。这三个小品词从性器官名词语法化而来，在句子里嵌入 XA 式形容词生动形式，中间增添"不喜爱"的情感色彩，放在词语之后增添"不喜爱""遗憾""随意""热乎"等情感色彩。这些都已远远超出了性器官名词的词义及表达功能，也淡化了性字眼儿的禁忌色彩。

（4）运用制图理论框架下的联合结构说分析汉语语气词的语法特点

如邓思颖和林素娥（2009，2010）对香港粤语句末"住"和湘语邵东话助词"起/倒"的讨论结果显示："暂时……住"实际上构成了一个"框式

结构"，应该归属于跟时间相关的词语类别，而并非位于句子最高的位置。湘语邵东"起/倒"的用法则较为特殊，构成"V1+起/倒（+NP）+XP"结构，主要有"等给"字连动句、使令类使役动词句、处置式"担"字句等，也可连接动趋结构、动词与处所介词短语；但不能构成允让义使役动词句和"等"或"捼"字被动句。这类结构中的"起/倒"表意很虚，普通话无对应词语，主要起强调作用。

(5) 从篇章语言学视角研究汉语语气词的语篇功能

如方梅（1994）在对北京话句中语气词进行研究后发现，句中语气词在前人研究中往往被判定为主语标记或话题标记，但事实上，句中小品词所标示的成分有时既不是主语也不是话题，甚至不是直接句法成分，句中语气词实际上是反映句子次要信息和重要信息划分的"主位—述位"结构的标志。这种性质在句子轻重音模式和表意功能上有一系列相应的表现。研究辨析了几类句中语气词的主位标志作用和语气意义的强弱，对句中语气词的功能形成了较为系统的认识。作者最后总结：汉语语气词的研究应该放在合适的语言单位中考察，这样才能得出准确的认识。方梅（2016）还针对北京话句末语气词"呀""哪""啦"展开论述，她首先指出，前人对北京话语气词研究中存在大量用例无法得到合理论述的现象，并认为这些现象可从语流音变、形态音变或者合音得到解释。这些被视为变异形式的语气词，使用上存在语气类型、语体分布和言语行为类别的偏好。这种使用格局从清末民初的时候就已经大致定型，其功能在于显示语句的施为性意义（illocutionary meaning）。这种将述谓句（constatives）变成一个施为句（performatives）的功能使得这些不符合音变规律的"呀""啦""哪"具有独立的价值。其句法后果是，不同语义类别的动词在与这些变异形式共现时，具有句类分布限制或者体现为不同的语气类型。陆镜光（2002）对广州话句末语气词"先"的研究发现：作者对香港大学香港粤语口语语料库中出现的句末语气词"先"字进行考察，并从话语结构的角度加以分析。研究发现，句末语气词"先"有两类：一类可还原成普通话的"先"，另一类则不能还原。不能还原的"先"的主要功能是充当话语标记，标示话语中暂时需要打断的地方，是一种会话管理的手段。这种较新的用法应该是由表示时间或先后次序的副词"先"演变而来的。

(6) 基于语料库的汉语语气词研究

如李斌（2012，2013）借助 Elan 软件自建口语语料库对湖南双峰语气词的研究。作者首先介绍了 Elan 软件，Elan 是荷兰纽梅因马普心理语言学研究所开发的一个多媒体转写标注软件，在话语分析、态势语研究、语言存档、口语语料库建设、濒危语言或方言的保存等方面被广泛使用。作者结合在湖南双峰方言调查中录制的音频和视频，介绍如何使用 Elan 建设单点方言语料库。另外，作者基于历时一年自建的10万字左右的双峰方言自然话语语料库中的句法分布情况，一方面考察"哩"独用的情况，如："哩$_1$""哩$_2$"；另一方面考察"哩"与"咖"和"去"连用的情况，如："咖哩""咖……哩""去哩"，并在此基础上简要分析其语法意义。

2.3 小结

综观国内外研究，我们能获得一个整体的印象：国内对汉语语气词的研究多采用传统方法，如通过内省法和诱导法考察语气词的意义和功能，也有相当数量的研究从历时和共时相结合的角度出发，勾勒出语气词的演化路径。国外学者则更多地选择在互动语言学理论框架中，采用会话分析手段对自然口语中的语气词展开研究。总体上说，国内外相关研究成果极具启发意义，是本研究开展的基础，但前人研究也尚存改进空间。第一是语料收集方法有待创新。国内研究在进行语料收集和分析时多采用内省法和诱导法，由于研究者和受试者的知识背景和语感不一样，得到的结论可能截然不同。此外，基于内省法和诱导法分析的语言现象十分有限，难以揭示某一语言规律的全貌。第二是语料收集数量和质量有待提升。由文献综述可窥见，国内外研究缺乏大规模的语料支持，即定量研究较为缺乏。国内研究虽对语料库方法有所涉及，但这些研究的重点在语料库建设及其相关技术的应用上，对语用小品词本身的讨论缺乏广度和深度，而基于多媒体语料库，针对语用小品词展开的系统、全面的研究在国内外学界更是尚未见到。

本研究认为互动语言学理论和特有的研究方法与汉语语气词结合研究在国外起步较早，且已逐渐成为一种发展态势。尽管该理论所倡导的"互动观"和"会话分析方法"在描写、分析日常会话结构和语言现象中已显示出强大功能，但其在汉语语气词研究中的效应却初现端倪。虽然国内学者对互动语言学理论的关注一直没有间断[⑦]，表明他们意识到互动语言学理论和研究方法与汉语语言学结合具有发展前景，但目前实证研究仍相当缺乏，特别是在汉语语气词研究方面，仍有巨大的探索空间。到目前为止，针对汉语语气词的研究还存在以下几个主要问题亟待解决：(1) 运用结构主义的理论和方法，对表层现象和具体义项的归纳分析仍然是国内汉语语气词研究的基础，多角度地运用有效的语言理论与方法来深刻揭示深层关系和内在联系的探索和解释稍显不足；(2) 在微观层面上对单个语气词研究以及对比研究比较详尽，但宏观探讨和理论总结相对简单；(3) 基于较大规模的汉语口语语料库的研究还很薄弱，且多聚焦于运用 Elan 等软件及其相关技术进行语料库建设，对语气词本身的讨论缺乏广度和深度。

鉴于此，本书将在第三章对"互动语言学"理论的缘起、主要观点及最新发展动态进行论述和总结，旨在从研究视角形成、研究方法选择及研究目标确立三个方面进一步为汉语语气词研究搭建全新的互动语言学框架。

◉ 注释：

③ 临高语主要分布于中国海南岛北部的临高、澄迈和琼山等地。临高语（又称"临高话"）是海南岛北部临高人的一种语言，属于侗台语系，使用人数约 60 万，是汉藏语系侗台语族台语支中与壮语、布依语比较接近的一种语言。尽管临高人被认为是汉族人，但临高语并非汉语的一种。

④ "主观性（subjectivity）"是指语言的这样一种特性，即在话语中多多少少总是含有说话者"自我"的表现成分，也就是说，说话者在说出一段话的同时表明自己对这段话的立场、态度和感情，从而在话语中留下自我的印记（Lyons，1977：739）。按照这个定义，"交互主观性（intersubjectivity）"则是指人际交往过程中，说话者对听话者或者其他参与者的关注。

⑤ 陆镜光的研究虽在时间上早于互动语言学理论的正式提出，但其研究基于"互动"的理念，并采用标准的会话分析方法，因此本研究将其归为互动语言学研究范畴。

⑥ 转换关联位置是指可以被识别的话轮单位终止的位置，即话轮单位的可完成点（刘虹，1991：16）。

⑦ 我们以"互动语言学"为主题对中国知网所刊载的论文进行检索和内容分析后发现，从 2001 年库柏-库伦和赛尔汀明确提出"互动语言学"术语之后，有不少国内学者撰文对其进行引介，如林大津、谢朝群（2003）率先对互动语言学的历史沿革、主要学术观点进行梳理，并预言互动语言学研究将成为 21 世纪语言学界最有前景的发展方向之一；刘锋、张京鱼（2017，2018，2022，2023）在对互动语言学的缘起和最新发展进行评介的基础上，尝试为汉语语气词研究搭建互动语言学框架；方梅、李先银、谢心阳（2018）主要从句法选择、形式验证、会话序列、韵律和多模态研究等方面

介绍了当今互动语言学的基本研究课题及新进展，简要回顾了互动视角的汉语研究三位学者指出，互动语言学的理论和方法以及基于用法的研究将会更好地揭示汉语的特点；乐耀（2017）则以"互动语言学研究的基本课题"为主题，以系列论文的形式对互动语言学理论及其研究进行引介。另外，直接以"互动语言学"为主题的高级别科研项目开始出现，如方梅、谢心阳、刘锋等分别获得"互动语言学"主题国家社会科学基金项目资助。

第 3 章　互动语言学理论框架搭建

本章首先阐述"互动语言学"理论的缘起，然后梳理和归纳其主要学术观点及研究理念，在此基础上，从研究视角形成、研究方法选择及研究目标确立三个方面进一步为汉语语气词研究搭建全新的互动语言学框架，并指出互动语言学框架下汉语语气词研究可能面临的问题及未来发展趋势。最后，本章对互动语言学最新发展动态进行论述和总结，力求为读者提供一幅该领域发展较为完整的图画。

3.1　互动语言学理论缘起

何为互动语言学？这还需先从"互动（interaction）"一词说起。"互动"理念萌芽于一众社会学家，如戈夫曼（Goffman）、加芬克尔（Garfinkel）、萨克斯（Sacks）、谢格洛夫（Schegloff）以及杰斐逊（Jefferson），对语言的研究，后经由甘柏兹（Gumperz, 1982）在《话语策略》(*Discourse Strategy*) 一书中将"互动"引入社会语言学研究，并顺势提出"互动社会语言学"这一概念[8]。互动社会语言学的提出使得以戈夫曼（Goffman, 1959）和加芬克尔（Garfinkel, 1967）为代表的一众社会学家注意到了语言使用在社会行为和社会结构中的重要作用，并主张将目光由宏观社会结构转向日常语言交流与互动。此后，基于互动视角的语言学研究迅速展开，涌现了一系列颇具影响力的创新之作，如奥克斯、谢格洛夫和汤普森（Ochs, Schegloff & Thompson, 1996）的《语法与互动》(*Grammar and Interaction*)、库柏-库伦和赛尔汀（Couper-Kuhlen, Selting & Paul, 1996）的《会话中的韵律》(*Prosody in Conversation*) 及福特和瓦格纳（Ford & Wagner, 1996）的《基于互动的语言研究》(Interaction-based Studies of Language) 等。而在互动语言学领军人物库柏-库伦和赛尔汀于2001年编辑出版的论文集《互动语言学研究》(Studies in Interactional Linguistics) 中正式提出了"互动语言学"这一名称则标志了该理论逐步走向成熟。依据库柏-库伦和赛尔汀（2001：1）的定义，互动语言学实为语言研究中的一种互动综观，它强调语言的意义和功能是在交际参与者的交互过程中浮现出来的并随着会话展开而不断演变。

互动语言学是功能语言学家、会话分析学者以及人类语言学家在语言研究中通力合作的产物，因此想要更深入地理解互动语言学的理论精髓和研究方法，我们有必要对三大语言学流派——功能语言学、会话分析以及人类语言学对互动语言学的影响做出进一步阐释。

直到21世纪初期，大多数语言研究仍基于孤立的书面语语料，或是出自研究者自己的编造和杜撰，或是采用问卷调查的方法收集。学者们发现，通过内省式和诱导式所获得的语料往往带有较强的片面性和研究者的主观性，难以揭示语言运用的真实面貌，于是他们将目光投向了真实、自然的语言，而科学技术的进步也让大量自然口语语料的获取成为可能。口语逐渐成为语言研究的对象，这是互动语言学发展迈出的第一步，并为互动语言学的最终成形奠定了坚实的基础。

互动语言学发展的第二步来自功能语言学研究的影响。功能语言学十分注重语言形式和话语功能之间的辩证关系。功能派学者将语言视为社交工具，而人们在长期交往中所实现的不同的交际功能则决定了语言系统的形成。尽管功能语言学的研究焦点并非会话交际，但它却直接影响了互动语言学"将语言形式看成在特定场景中的行事""将功能动机置于语言研究之中心"等学术思想的形成。

20世纪70年代初，美国社会学家萨克斯、谢格洛夫和杰斐逊开创了会话分析理论，该理论对互动语言学产生了巨大影响，并使其获得了长足的发展。三位创始人在会话分析理论中提出的"互动中的交谈（talk-in-interaction）"这一新术语概括了一切实时交际过程中自然发生的言语活动。会话分析理论主张通过对自然语料的分析，实现窥探人类社会秩序之目标。会话分析提倡的"视言语交际为社会互动"和"下一话轮证明程序（next-turn-proved-procedure）[①]"以及一套细致、严密的会话描述工具均对互动语言学意义重大。

吸收人类语言学在跨文化比较研究中所获得的丰硕成果是互动语言学迈出的第四步。早在 20 世纪初期，人类语言学的开山鼻祖弗朗茨·博厄斯（Franz Boas）及其学生爱德华·萨丕尔（Edward Sapir）就发现，互动参与者在构建、协调话语和行为的同时，也不断地共同构建或重构他们认识世界的方式及其社会身份。人类语言学给予互动语言学重要的启示是：语言是反映民族思维方式、文化模式和社会生活方式的镜子，语言研究的最终目标之一就是勾画朴素的人类世界生活图画。

回顾互动语言学的形成和发展历程，它充分吸收功能语言学、会话分析以及人类语言学的理论精华，其科学分析方法的脉络清晰可见：功能语言学使互动语言学注意到语言的意义和功能是在话语的产生过程中通过使用而形成的；会话分析引导互动语言学研究将会话结构与语言使用紧密结合；人类语言学则对互动语言学的研究路径做出指引：不同类型的语言行为对互动方式有重要的影响，而语言行为方式的迥异根植于不同语言者所负载的文化差异。

3.2 互动语言学的主要学术观点

相较于传统的形式语言学，互动语言学有可能成为 21 世纪语言研究的主流方向之一，对汉语语言研究也将具有非常重要的启示作用（林大津，谢朝群，2003：411）。那么，比起传统的形式语言学，互动语言学到底具有哪些优势？换言之，互动语言学在语言研究中又持何种主张呢？由于横跨多个人文社会学科，互动语言学的学术观点呈现多元化趋势。我们以"互动"核心理念为主线对其进行梳理、归纳和整理出互动语言学理论的三大主要学术观点。事实上，正是这三大学术观点为不同领域相关研究的交流、碰撞打开通道，并最终汇聚于互动语言学这一"大伞"之下。

第一，互动语言学主张语义和功能甚至包括语法均是在互动中交际双方为达成共识而使用的一种资源。这种资源分布在参与者主体间，通过交互合作浮现出来，且为了满足不同交际需要而不断变化。换言之，互动语言学认为语义、功能和语法并非如形式语言学家所言是抽象的、事先存在于人脑中的，而是在实际使用中产生和变化的。

第二，互动语言学强调实证研究，倡导基于真实情景中的自然语料研究，反对研究者凭空捏造甚至有意杜撰语料。在互动语言学理论框架中，研究者主要采用会话分析手段，对所收集的日常互动言谈录音或录像进行细致分析，尝试对各种语言现象进行合理的描述和解释，并根据需要使用不同的转写规则将整个口语会话过程以文字符号的形式重新呈现。再者，互动语言学理论遵循对语境的社会建构主义传统，即主张语境是交互双方通过语言或非语言方式共同建构的产物，其研究焦点之一就是语境的动态建构过程。

第三，互动语言学认为语言与互动间存在着辩证关系。语言发生在社会互动中，互动交际造就语言，而语言作为一种社会行为同时又能塑造社会互动。语言与互动的辩证关系实际上划定了互动语言学研究中两个互相联系的核心议题，即互动参与者利用何种语言手段来展开会话并完成互动？特定语言手段又产生何种会话结构与互动功能？

回顾互动语言学的缘起和初期发展历程，它与会话分析、功能语言学以及人类语言学三大语言流派互动，充分吸收其理论精华，分析方法的脉络也是清晰可见的：会话分析理论引导互动语言学研究将目光转向真实会话，功能语言学使得互动语言学注意到语言形式和功能通过使用而形成，且二者间存在互动。人类语言学则对互动语言学的研究路径做出指引：不同类型的语言行为与互动方式间存在辩证关系，而语言行为方式的迥异根植于不同语言者所负载的民族思维、文化模式和社会生活差异。

近十年来，互动语言学的发展又与交际学、社会语言学、认知心理学、话语心理学、社会认知学等人文社会科学关系密切，其跨学科的本质显而易见，因此不必把它当作语言学或其他学科的分支，而应将其视为对语言研究的一种互动综观，这也是一个贯穿互动语言学研究的核心思想。将互动语言学当作综观或视角而非学科分支有两个优点：其一，能回避学界存在的"新瓶装老酒"问题，即简单地用新名称或新术语代替旧事物，而没有对旧事物的进一步理解和发展做出贡献；其二，综观论有利于打破学科壁垒，达到博各家之长，而为其所用之目的。

3.3 互动语言学的主要研究理念

作为人类最为重要的交际工具和手段，语言的本质具有对话性（dialogic）（Bakhtin，1934/1981：271）。真实会话中的话语直接明显地引导应答，从而对应答进行预测，并且根据应答来组构。对话性是人类思维的本质，协同配合（coordination）是社会活动的根本。语言就是共同参与并通过符号性手段（symbolic means）进行的互动行为（Linell，1998：10）。尽管语言具有对话性的本质，但在实际研究中，独白性（monologic）材料一直占绝对统治地位，并存在去语境化（decontextualization）的倾向和书面语的偏向（written language bias）。互动语言学的兴起改变了这一局面。互动语言学是基于互动行为的语言研究。互动语言学家认为，自然语言最基本的特征是由语言交际所处的互动环境塑造的，是适应交际环境的产物，或者说语言本身就是交际架构的一部分（Schegloff，1996）。语言是社会交际、行为组织的重要资源，对语言的研究必须面向互动交际环境中自然发生的语言，立足于言谈参与者的互动过程，基于语言运用的自然环境——互动中的交谈（talk-in-interaction）进行实证性研究。主要包括两方面：第一，要从语言的各个方面（韵律、形态、句法、词汇、语义、语用）研究语言结构是如何在互动交际中被塑造的。第二，在社会交际中，言谈参与者的交际意图、会话行为（conversational action）是如何通过语言以及非语言的多模态资源（如眼神、手势、身势等）来实现的。

互动语言学研究者基于会话分析的方法论（ethnomethodology），探索交际互动中的语言结构和话语组织，以自然口语交际为研究对象，以实证主义的态度分析处理材料。这种研究取向与20世纪上半叶受制于书面语偏向（Linell，2005：1）的语言研究形成鲜明的对比。

互动语言学研究者将语言理解为实现社会互动的一种资源（resource），这一观念可追溯至话语功能语言学的研究理念。20世纪80年代，美国西海岸功能主义语言学强调对以叙述体为代表的真实话语进行细致考察。他们观察实际使用中的语法，并从连贯话语产出的认知和交际需求当中寻求语言型式（pattern）的理据。这一学派也被称为话语功能语言学派。这一研究取向奠定了功能主义语言学在互动语言学产生中的基础性地位。

20世纪90年代以后，话语功能语言学家更多地吸收会话分析（conversation analysis）、语境化理论（contextualization theory）和人类语言学的观察视角，尤其借鉴了会话分析处理自然口语的理念，进而形成了系统性的工作原则。而在话语功能语言学家开始从关注口语叙事变成关注日常对话之后，他们发现，自己就在研究互动中的语法，即 Grammar in Interaction（Ford，1993；Ochs，1996）。互动语言学的兴起源自20世纪90年代之后话语功能语言学的新拓展。其研究特点如库柏-库伦和赛尔汀（Couper-

Kuhlen & Selting，2018：7）所总结的那样：

第一，基于真实、自然发生的谈话录音或录像材料；

第二，采用标注系统对语料进行转写，尽量忠实地反映互动中谈话的特征；

第三，以"分析的心态（analytic mentality）"观察现象，不带有理论先设；

第四，对语料集合进行编排，以体现所分析现象的多种实例，或是选择单个案例，以供深入分析；

第五，语料分析旨在重构互动成员传情达意（sense-making）的方法；

第六，其分析论断可通过"下一话轮证明程序（next-turn-proof-procedure）"，通过对言谈参与者的观察得到验证（Sack，et.al，1974；Schegloff，1996）。

互动语言学的目标可概括为三个方面：

第一，将语言结构作为互动资源进行功能描述；

第二，对话语实践形成的惯例进行跨语言的比较；

第三，对社会互动中语言的组织方式和实践进行解释，进而概括出具有普遍意义的结论。

3.4 互动语言学理论框架搭建

我们认为，互动语言学研究所秉持的"互动"理念与"语气词"的"交互属性"相契合，有助于为汉语语气词研究搭建互动语言学框架并进一步完善对其本质的认识。本节以此为契机，在阐述互动语言学缘起与发展及主要学术观点的基础上，以"互动"理念为主线，从研究视角、研究方法及研究目标三个维度为汉语语气词研究搭建互动语言学框架，并指出此类研究面临的主要问题及未来的发展趋势。

（一）研究视角形成

尽管互动语言学在语言能力与语言使用的论述上有"后者囊括一切"的偏激做法，但其互动分析视角可以加强我们在汉语语气词研究中对义项、功能和句法间互动的考察，有助于进一步明确三者在真实交际中构建并不断变化这一观点。

无论研究者对语气词做何种定义或基于何种研究背景，有一点是可以肯定的：语气词本身几乎不传递语义内容或命题意义，只在互动中表现出高度交际性和功能多样性（Östman，1981；何自然、冉永平，1999等）。换言之，汉语语气词的"交互属性"与互动语言学的"互动"理念相契合，后者的精髓就在于强调义项、功能及句法结构由说话者和受话者共同协调构建，并随交互展开而不断变化。

此处需要厘清两个重要术语，即"构建"和"互动"。前者出现于库柏和赛尔汀（2001）的《互动语言学研究》一书中，二位学者摒弃"生成"而转用"构建（construction）"的说法，看似简单的术语替换，但"构建"却有其特指之处，它强调义项、功能和句法结构并不是说话者单方面生成的，而是交互双方或多方共同作用的；"互动"也非说话者表达和受话者理解的简单叠加，而是进一步明确义项、功能及句法结构在可能转化为现实的过程中，需要说话者和受话者的协调合作⑩。相较于传统汉语语气词研究对听话人的忽视，互动分析视角无疑是崭新的，它提请研究者将受话者纳入视野⑪，即（1）受话者参与汉语语气词义项、功能及句法结构的完整构建；（2）受话者补足汉语语气词表达的信息；（3）受话者对说话者在表达之前的潜在干预。

互动语言学的互动分析视角显然将汉语语气词研究从"重说话者表达而轻受话者接收"的桎梏中解放出来，并将其置于面对面的语言交互中。而互动语言学用实证的手段予以论证"交际互动"这一"自然语言栖息地"对义项、功能和句法结构建构作用及其引发的变化。

（二）研究方法选择

互动语言学的一个重要特点就是强调实证研究，倡导采用"基于自然口语语料"的会话分析方法，对所收集的日常互动言谈录音或录像进行转写和分析。众所周知，语气词受到本身语体制约而大量出现于口头会话中，书面语体中则不常见，这就使得会话分析法成为语用小品词研究最为倚重的分析手段。比起内省法和诱导法，会话分析法在语气词研究中独具优势，它能帮助研究者摒弃单纯的语感和直觉，转而通过"下一话轮证明程序（next-turn-proved-procedure）"来获取更为客观、可信度更高的研究结论。萨莫瓦（Samovar，1991：7）认为，"交际互动可以定义为一个人对另一个人的行为或行为遗迹做出了反应（Communication may be defined as that which happens whenever someone responds to the behavior or the residue of the behavior of another person.)"。作为会话分析采用的基本方法,"下一话轮证明程序"就是通过对某一语句、行为的后续语句或行为的分析来寻求会话参与者对前一交际者的行为的理解。刘运同(2002)认为,该方法可以保证由会话分析找出的有规律的会话特征是由于会话参与者受到规则的引导而成就的,而不是仅仅建立在分析者的假设基础上的。再者,会话分析研究特有的语料转写系统能够较为精准地还原互动过程中的语言和非语言模态(如手势、身势、眼神、表情、交际者所处的时空等)。基于多模态语料的汉语语气词研究必然更为深刻、全面。对于同行或读者而言,他们能够通过真实而完整的自然语料来检验研究结论,这实际上又大大提升了当前研究的客观性。下例(3)呈现了会话分析法的实际运作情况[12](转引自吴瑞娟,2004:71-72):

例(3)((R 和 C 谈论制作台湾小吃 "bi-ke" 的补习班))
1R:补什么 _bi-ke 啊,有补习班。
2C:有补习班哦?
3R:((R 微笑点头))
4C:*我是不晓得。*((*笑*))

上例(3)中,R 的非言语模态"点头"证明前一话轮 2 实施了"寻求确认"的言语行为。据此可初步认定,汉语语气词"哦"具有帮助说话者构建"寻求确认"话轮的功能;话轮 4 再次表明 C 对"台湾有 bi-ke 补习班"毫不知情,"语中带笑"的混合模态则进一步证实,语气词"哦"还能表示说话者对所述内容中"新闻价值(newsworthiness)"的意外或惊奇立场。

尽管会话分析方法为客观描述和解释汉语语气词运作机制提供了可靠证据,但这并不意味着作为研究策划者和执行者的研究者本人就此变成单纯的旁观者和记录者。会话分析方法要求研究者既要从交际者的角度出发,对所收集的语料进行细致入微的观察,又必须以研究者的身份深入交际者的行为背后,寻找隐匿其中的规则,以最终发现汉语语气词义项、功能及句法结构的形成和变化规律。

(三)研究目标确立

互动语言学将语言交流视作一种社会互动,研究者从跨学科、跨语言的角度研究语言,其最终目标就是更好地回答两个相互联系的核心议题,即语言如何在互动中构建和变化，具体语言又是如何影响和塑造交互行为的。因此，互动语言学框架下的汉语语气词研究理应先对两类议题做出回答，并由此形成对汉语语气词性质、特征和规律的理论总结。我们认为，目标的实现可以遵循"微观层面上的单个分析 + 宏观层面上的整体探讨"之路径。

(1) 微观层面上的单个分析

微观层面上的单个分析是运用互动语言学理论和研究方法，通过对具体义项、话语功能及句法结构的深层关系及内在联系进行分析和解释，逐个刻画汉语语气词的运作机制，从而在最大程度上克服结构主义理论方法对汉语语气词具体用法归纳有余、对表层现象背后的揭示与解释不足之现状。微观层面上研究目标的实现是汉语语气词研究取得突破的基础和前提。

(2) 宏观层面上的整体探讨

宏观层面上的整体探讨是基于微观层面上的分析结果，形成对汉语语气词性质、特征和规律的理论总结。就目前的研究成果来看，我们可能做出的粗略总结是：汉语语气词的具体义项、话语功能及句法结构以互为实现的方式形成一个紧密联系的整体，它在会话互动过程中与话语序列位置、会话参与者、交际目标及语境等诸多因素产生互动进而形成且不断被塑造。汉语语气词作为一种语言资源，同时又为交际参与者提供与同类协作管理、相互评价等工具，以保证会话交互的顺利推进。

实际上，相较于微观层面上的单个分析，宏观整体探讨具有相当难度。这在很大程度上是因为每一个汉语语气词都有着鲜明、突出的个性，相比之下，共性似乎就不那么"显山露水"而需要研究者更深入的挖掘，因此整体探讨难于个体分析。随着互动语言学理论、方法与汉语语气词研究结合向纵深发展，再辅以类型学视野，宏观层面上的整体探讨甚至理论创建有可能取得更大突破，届时我们对汉语语气词这一特殊语言现象的认知也将日臻完善。

3.5 研究面临的主要问题

互动语言学研究所面临的主要问题是形式语言学家的质疑和批评，如美国生成学派代表人物之一的纽迈尔（Newmeyer，2003）就对"用法先于语法"的思想提出异议。生成派学者认为，语言能力先于语言运用，语言结构的生成是依靠与生俱来根植于人的大脑之中的语法的,说话人先获得这种抽象的知识,然后将其置于具体环境中以实现语言能力。互动语言学对"语言能力"和"语言运用"的认知恰好与之相悖。该理论认为,语言结构和规则在很大程度上与日常语言运用密切相关,它们在交互中形成并不断变化。

公平地说,生成派关于"语言能力—语言运用"的二分法具有划时代的意义,但他们重语言能力、轻语言运用的范式在面对纷纭复杂的语言现象时太过于简单化;互动语言学在"语言能力"和"语言运用"的论述上似乎又过于强调后者,有刻意模糊二者界限之嫌。我们暂且不对两种语言理论的优劣展开讨论,但互动语言学以"互动"为主线,主张互动分析视角,倡导采用"基于自然口语语料"的会话分析方法,遵循"微观层面上的单个分析+宏观层面上的整体探讨"的研究目标实现路径为汉语语气词研究搭建了崭新的框架,这无疑能帮助研究者获得对其性质、特征和规律的全新认识。刘丹青(1995:12)也认为,互动语言学倡导语言研究动态原则和语用原则相结合,这符合当代语言研究的总体趋势。从动态的角度加强对汉语语气词义项、功能及句法结构关系的探讨尤为重要。与传统语义学将汉语语气词看作一个静态、封闭系统的观点不同,互动语言学强调,义项、功能及句法结构在交际双方互动的过程中产生和变化,乃交互主体"磋商"之结果,这符合汉语语气词的自然交互属性。

当然,研究者也应对互动语言学理论、方法存在的局限性有清醒的认识,如互动语言学研究视"自然口语语料"为"生命线",那么在此框架下展开的汉语语气词研究只能基于日常会话语料,从共时发展分析入手,探讨其某一个时期内的运作机制。换言之,受制于历时口语会话语料的缺乏,绝大多数研究难以完整展现汉语语气词的历时演化过程。这就要求研究者保持结论的开放性,同时积极寻找解决问题的方法,唯有如此才能使研究更加严谨和完善。

3.6 研究发展趋势

(一)语料库方法的引入

语料库方法的引入能够保证采样的随机性、样本的代表性和语料的真实性,从而帮助研究者尽可能地摆脱自身语感和主观性带来的影响,得出更为全面、客观的结论。自20世纪90年代中期以来,语料库方法已被广泛应用于分析"互动交谈（talk-in-interaction）"（Flowerdew，2012）。近年来，这一方法开始介入汉语语气词研究领域，如李斌（2013）、刘锋（2015）基于自建口语语料库，分别对湖南的双峰、吉首方言语气词展开讨论。此类研究虽带有探索性质，但可以预见的是，随着计算机技术的日新月异和电子文本的普及，在互动语言学视角下，基于大规模甚至多媒体语料库的汉语语气词研究将成为一种态势。

（二）以汉语及其方言语用小品词为对象的研究

汉语及其方言语气词因其功能和用法纷繁多样、使用范围广、频率高而一直是学界焦点。张谊生（2016）总结了该领域近30年来的研究后指出，传统的结构主义描写和分析研究方法已不能满足现代汉语语气词研究的需要。若要想取得更多的突破，就必须采用多元论的观点，尽可能地借鉴各种行之有效的语言理论。互动语言学理论和研究方法显然是汉语学界所寻觅之物，二者的结合必将大有作为。

值得注意的是，作为西方学术界的"舶来品"，互动语言学框架多适用于分析西方文化语境下的会话交互现象，使汉语语气词研究与互动语言学结合，进而催生出中国特色汉语语言学理论体系，也是语言工作者在中国特色哲学科学建构中所要肩负的责任。本研究认为的可行路径之一应该是：首先对支撑互动语言学的各流派理论与方法进行梳理，对其形成系统的把控，同时密切关注汉语及其方言语气词研究中存在的实际问题，为互动语言学找到最佳的切入点；然后基于大量的汉语语言事实，对互动语言学理论和方法进行大胆的补充和修正，逐步创建符合汉语语气词特点的理论研究体系。

综上可知，互动语言学理论是一种关于语言的崭新构想，是以互动观为基础所得出的对语言符号本质的新认识。在汉语语气词研究中，该理论中的互动综观要求研究者重新审视诸如"语言能力"和"语言运用"的概念，强调对汉语语气词的研究应充分考虑真实的情景语境及其对语言结构的积极影响，而不应将其定义成一种抽象且规则被事先既定的系统。互动语言学理论还认为，天生的语言能力无法完全决定语言结构，而语用功能和文化因素等都对汉语语气词结构的塑造和变化起作用。

刘丹青（1995）认为，互动语言学倡导语言研究的动态原则和语用原则相结合，这不仅符合当代语言研究的总体趋势，也符合汉语语用优先的特点。从动态的角度对加强汉语语气词语义和语用功能的探讨尤为重要。与传统语义学将汉语语气词看作一个静态、封闭系统的观点不同，互动语言学强调语义和功能是在交际双方互动过程中产生和变化的，是交互主体"磋商"（negotiations）的结果。按照这一观点，汉语语气词的语义和功能能够通过其在真实语境中的使用来获得，而孤立的功能就很可能与使用中的不一致，甚至相悖，这也在一定程度上解释了前人对同一汉语语气词进行研究时所得出的结论大相径庭的现象。因此要想全面、合理地描述语气词的语义和功能就必须将其置于真实的交互情境中。

互动语言学理论从面世至今，已引发了国际语言学界的高度关注和热烈讨论。尽管争议和质疑声不断[13]，但支持者众多。许多学者已通过对不同类型语言的实证研究证明了该理论的可行性和正确性。因此本节旨在廓清互动语言学理论的重要思想、研究方法和研究目标，以期其强大的解释力在汉语语气词研究中得到进一步证实。

3.7 互动语言学最新发展动态（一）

2018年初，互动语言学研究领军学者库柏-库伦和赛尔汀出版了这一领域的最新成果《互动语言学——社会互动中的语言研究》（*Interactional Linguistics: Studying Language in Social Interaction*，以下简称《互动语言学》），系统地介绍了互动语言学理论，对20多年来互动视角下的语言研究成果进行归纳和总结。这是互动语言学领域又一具有划时代意义的里程碑之作，代表着互动语言学研究的最前沿。本节将对此书展开较为详细的阐述，并着重介绍互动语言学与汉语结合的最新研究动态。

库柏-库伦和赛尔汀二位学者推出的新著《互动语言学》，以两大核心议题"社会互动如何通过语言资源实施"和"语言资源如何在互动中运用"为主线，将该领域二十多年来的研究成果有序串联。全书采用理论思考与个案研究相结合的方式，鲜明地体现了互动语言学视角下跨语言、跨学科的研究特点。《互动语言学》作为"剑桥语言学教材"系列中的一册，也是该领域第一部系统地介绍理论的教科书。另外，该书还增设六个网络章节（online chapter A-F），对互动语言学中的一些重要议题进行了补充和扩展。

（一）内容简介

除引言和结论外，全书共八章，主体内容分为两部分。

第一章引言。作者首先简要描述了互动语言学的缘起、发展、前提与目标，然后详细阐释了互动语言学研究的基本原则。互动语言学缘起社会学，后吸收会话分析、语境化理论及人类语言学等人文社会学科理论精髓和研究方法而形成并发展的新兴理论是对"语言研究的一种互动综观（an interactive perspective on linguistic research）"，它以基于真实会话语料的研究为前提，旨在探索语言形式作为一种互动资源是如何被用来行使互动中的社会行为，同时又为互动所塑造。作者认为，互动语言学研究应遵循五个基本原则，即(1)采用真实发生的自然语料；(2)进行语境敏感（context-sensitive）分析，考虑包括话轮、序列、行为、投射等多种与互动组织和语言结构相关的因素；(3)采取在线视角，将语言结构看作人际交互中的"浮现（emergence）"之物，通过交互双方"磋商（negotiation）"达成；(4)范畴基于实证（empirically grounded），从话轮设计、话轮间关系等现实情况寻求语言形式及其功能动因；(5)通过参与者取向（participant-orientation）来验证论断，即将会话参与者本身，而非研究者的处理方式作为论断依据。网络章节 A "推动互动语言学视角" 附在引言后，通过回答"为何一定要在社会互动中研究语言"再次重申语言和社会行为的互动关系乃互动语言学研究之核心。

第一部分包括第二至第五章及网络章节 B、C 和 D，着重探讨了"社会互动如何通过语言资源来实施"。

第二章话轮构建（turn construction）和话轮转换（turn taking）。话轮构建及转换是互动语言学研究的核心议题。作为第一部分的开端，本章特别强调贯穿全书的分析思路和语言观，即语言结构和社会互动之间的相互依存关系，并通过介绍话轮构建单位（turn-constructional unit, TCU）、多单位话轮、话轮转接的组织、话轮扩展及话轮变体（如交叠和竞争等），进一步证实了话轮构建及转换并非先设，而是会话参与者合作的产物和在互动中达成的默契，其目的是减少话轮重叠和停顿，使话轮顺利转接，从而保证会话有效展开。

第三章会话中的修正（repair）。修正是会话互动的基本机制之一，具有高度的组织性。本章中作者介绍了修正的三种类型——自我发起修正、他人发起修正及他人修正，并通过跨语言材料对比分析得出结论：所有语言都会使用修正来处理会话中的问题，但不同语言可能使用不同的修正策略。另外，本章还特别强调修正与语言结构互相依存的关系。

第四章行为的构成与归类（action formation and ascription）。互动中的说话者要知道如何运用语言和其他资源来使自己所要行使的社会行为可理解，而听话者则需要辨明说话者的行为是要实现何种目的，这也是互动语言学研究者关注的一个核心问题。作者首先强调行为的"社会性"，认为社会行为就是交互双方在沟通中想要做的事情，是互动言谈中一个话轮的主要职责所在。与言语行为不同，社会行为在自然会话中实际发生，具有可观察性，且不一定需要通过语言来实施。作者还基于跨语言视角（如英语、德语、芬兰语、日语等），从语言学实现手段、话轮设计、序列结构等方面细致分析了四类较为重要的社会行为及其回应，即疑问及其回应、提议和请求及其确认、新信息传递和告知及其回应、评价、恭维和自贬及其回应。网络章节 B 进一步从偏好组织（preference organization）和其他的不对称现象视角，讨论不同行为的不同回应方式。如提议和请求可以被接受，也可以被拒绝；回应评价可以赞同也可以反对。这些回应的二元对立并非对称分布，而是呈现出非常明显的差异。本章中作者还通过对疑问的研究提出"类型相合性（type conformity）"的概念。如英语中是非问句的类型相合回应仅限于 yes 和 no，而芬兰语中相合性的分布就要相对复杂一些。

第五章话题（topic）和序列（sequence）。话题和序列是会话中具有普遍性的组织结构，均与话轮间的连贯性有关。话题性来源于主题谈话的有序性，关涉谈话内容；有序性则来自对话轮或行为序列的组织。作者首先区分了话题性和序列性这对相近概念：在话题上前后断裂的会话可能在序列组织上是连贯的；而统一的话题也可能延伸至几个序列。随后本章具体讨论了会话中话题管理及序列组织所运用的语言资源：(1) 话题管理：话题开启（英语中的 um、高调起始及极性疑问句结构）、转换（actually）和终结（序列终结性评价手段、简洁陈述、双重表述、比喻性表达、小品词 Okay, Alright 等）；(2) 序列组织：在基本相邻话对的基础上，还包括前扩展（pre-expansion）、插入扩展（insert expansion）及后扩展（post-expansion）。另外，说话者开启新话轮序列而非延续之前的谈话，可以采用特定的韵律和语音特征，如吸气、高调起始、音强增强等；在词汇句法层面，则可以采用完整形式，如完整名词组。从语言资源的运用来看，话题和序列这两种组织秩序有交叉也有不同——有些手段的功能只关涉序列而非话题，而有些则同时针对两者。网络章节 C 主要探讨立场（stance）和角色（footing）问题。作者认为，立场和角色虽不是"组织"问题，但语言形式如何用来体现说话者的立场和角色却是互动语言学研究者要解释的中心问题。本章最后一部分以会话中的报道性话语（reported speech）为对象，展现了角色转换与语言的密切关系。比如英语和德语的研究证明，在会话交互中，如果缺乏明确的引语标记，角色转换就必然要通过直接成分的转移或者韵律上的标记来表明。网络章节 D 主要讨论"故事讲述（storytelling）"这一非常重要的现象。故事讲述又包括困难讲述（trouble telling）、笑话讲述（joke telling）、八卦（gossiping）等。作者首先简要介绍了故事前成分、故事讲述和讲述回应三部分，然后着重探讨了语言手段在故事讲述中的作用，如运用句法和韵律手段实现戏剧化（dramatization）。作者最后从一致性（alignment）和亲近性（affliation）出发，讨论了讲述回应。其中一致性是一个结构概念，主要来源于讲述者和倾听者的不对称状态，一般表现为一些知晓或延续标记，如 mm hm、uh huh 和 yeah 等。亲近性主要是一个社会概念，指倾听者对讲述者立场态度的支持。

第六章到第八章及网络章节 E、F 构成了主体的第二部分——"语言资源如何在互动中运用"。

第六章句子、小句与词组（sentences, clauses and phrases）。作者基于互动语言学视角讨论了传统语法研究中的句子、小句、词组等语法单位。在互动语言学基于用法的研究范式和动态语法观下，句子、小句、词组等语法单位被视作交际互动中会话参与者为实现交际目的所使用的句法模式或构式类型，具有动态浮现性、时间性和可投射性。作者还以下一话轮启动（next-turn onset）、共同完成（joint completion）话轮以及话轮延伸（extension）为切入点，进一步论证了小句结构的跨语言普遍性。另外，作者通过对句法与韵律包装形式（prosodic packaging）的互动研究，揭示了特定序列环境中所投射的行为。

第七章小句联合（clause combination）。作者首先指出基于静态观的传统语法研究缺陷——采用并列结构（coordination）和从属结构（subordination）的静态句子观念无法准确描述真实互动交谈中小句关联的复杂现象。随后介绍小句组合的各种类别：(1) 并立（paratactic）小句联合；(2) 主从（hypotactic）小句联合；(3) 附属（subordinate）小句联合；(4) 其他小句联合。本章的最后，作者还讨论了互动中小句关联的三种惯例：共同构建

（co-construction）、增额（incrementation）和投射框架（projector frames）。具体来说，彼此关联的小句可能由同一说话者产出或前后话轮合力构建；可能通过投射框架进行提前经营，也可能通过增额的方式即时产生和调整。因此，互动交谈中的小句关联不仅是复合形式的产出，也服务于会话参与中的一致性与交互主观理解的协调。

第八章独词构式：小品词（one-word construction: particles）。作者首先介绍了独词构式（one-word construction）话轮，即交互双方运用单个小品词（particle）来建构话轮，从而实施相应的社会行为，如英语的 yeah、uh-huh、hm 等。随后具体介绍了独用小品词、句首小品词以及句末小品词。作者最后指出，在真实言谈交互中，小品词的功能受到韵律特征、自身叠连和重申以及话轮序列位置这三个因素的影响，且在多个小品词迭用时，其排列顺序较为固定，如 oh no、oh well 等。

网络章节 E 和 F 为结语前的最后两章。E 主要讨论互动与韵律和语音资源的相关性。作者指出，韵律和语音几乎与互动交际的各个层面都存在关联，如话轮构建和转换、发起和修正、组成和识别、会话序列及立场和角色标示等等。因此，互动语言学研究必然要考虑韵律和语音因素。F 主要探讨可以被用作行使互动中某种社会行为的语言资源。本章关注的重点是人物和地点的指称。首先，在互动语言学视角下，指称被视作人际交互中最基本的任务之一，是交互双方建立共同认识的基础。无论是指称人物还是地点，从根本上来说，指称必须符合听话者的设计原则（recipient design）。其次，指称由交互双方在互动中共同完成，而非个人的单方面产物。再次，指称并不仅仅是指出某个实体，其更重要的作用是与互动中的某种社会行为密切相关。

第九章结语。作者首先强调互动语言学的实证主义研究思路，指出互动语言学研究从本质上视语言为社会场景中的一种可观察人际互动活动，并协同其他资源实现特定交际目标；语法和社会机构实际上就是在数个交际场景中浮现和建构的。这体现了互动建构论（interactional constructivism）理念，同时区别于将语法和社会机构归并为特定交际原则的互动还原论（interactional reductionism）。基于建构论视角，作者进一步归纳了语言的 10 个设计特征（design feature）：(1)语言是一个动态过程；(2)语言有具身性（embodied）；(3)语言是公开呈现的；(4)语言传递相关行为；(5)语言是一系列以组合关系和聚合关系组织的资源；(6)语言在线实时展开；(7)语言允许投射（projection）；(8)语言允许扩展；(9)语言允许修正；(10)语言提供共同建构的机会。这一系列的设计特征不仅体现在由复合小句构成的话轮，也体现在单个小句或词组层面。总的来说，互动语言学视角下的设计特征将语言使用与其在社会互动中的社会行为联系起来，揭示了语言并非自足的结构系统。

（二）简要述评

《互动语言学》作为第一部具有教科书性质的互动语言学研究著作，为该领域的进一步发展做出了以下三点贡献：

(1) 从《互动与语法》(Interaction and Grammar)（Ochs, Schegloff & Thompson, 1996）中语法研究与社会互动的初次结合到《互动语言学研究》(Studies in Interactional Linguisitcs)（Selting & Couper-Kuhlen, 2001）中互动语言学框架下的个案研究，《互动语言学》标志着该领域的理论开始走向系统和成熟。

(2)《互动语言学》对互动语言学的理论基础和学术资源做出补充。在库柏-库伦和赛尔汀（2001）的《互动语言学》一书中，互动语言学是缘起于社会学，后吸收功能语言学、会话分析以及人类语言学等人文社会学科理论精髓和研究方法而形成并发展的新兴理论。而本书则更加强调互动语言学的理论基础是功能语言学、会话分析、语境化理论，人类语言学则是该学科形成的学术资源，此举是对于互动语言学理论层面的思考，进一步明确了互动语言学的语言学理论核心地位。

(3)《互动语言学》非常明确地指出互动语言学研究的两大主题，即社会互动如何通过语言资源实施和语言资源如何在互动中运用。这一方面划定了互动语言学的两大组成部分：社会互动和语言资源；另一方面也将不同学科背景的研究者聚合在互动语言学这把大伞之下，如语言学研究者可以进一步考虑互动的作用，而社会学、人类学学者则可以探讨语言在社会互动中的实践。

（三）对汉语研究的启示

关于说话的类型，赵元任先生在《汉语口语语法》一书的分类极为细致。赵先生提出八种情形：(1)照稿子念的独白；(2)剧本里的对话；(3)有简单提纲或者没有提纲的即席发言；(4)连贯的会话，比如电话谈心；(5)夹杂着动作的独白，有事件影响着或决定着接下去说什么，例如带表演的讲话；

(6)夹杂着动作的对话;(7)在动作或事件中偶发的话语,例如打牌或者看球赛时说的话;(8)在对某一情况做出反应或忽然想起什么时情不自禁说出来的"对了!"之类(Chao,1968/1979:123)

1. 会话序列与交际的基本单位

赵元任先生(1968/1979:41-51)明确提出"零句是根本""整句只是在连续的有意经营的话语中才是主要句型"。在日常会话中,零句可独立使用,而且占优势。整句的主语和谓语相当于一问一答,或者是"引发和应答"的融合。沈家煊(1989)讨论不加说明的话题,从应答角度探讨了毗邻话对的多样性表现。指出,毗邻话对之间既可能像赵元任先生所指出的构成话题与评述的关系,但是也有可能呈现出一种镜像的应答关系。如下例(4):

例(4)
女儿:我看会儿电视行吗?(问1)
爸爸:作业做完了吗?(问2)
女儿:做完了能看吗?(问3)
爸爸:可以看一会儿。(答1)
女儿:还有口算。(答2)
爸爸:练完口算再看。(答3)

沈家煊(2012)进一步从在线生成的角度指出,引发语和应答语之间的语义联系是可紧可松的,两个零句有某种语义上的"相关性",但是这种相关性是靠人的一般认知能力来推导的,不管应答语说的是什么,对话双方总认为是跟引发语"相关的"。汉语"流水句"的本质特征就是前后相继的零句,每一个零句都能充当整句的主语,也同时是一个潜在的主语。

朱德熙先生和吕叔湘先生认同"零句是根本"的思想,朱德熙(1987)说:"没有主语的句子跟有主语的句子同样是独立而且完备的。"吕叔湘(1979:31)也指出:"不用主谓关系的有无来区别句子和短语。"吕叔湘(1979:27)提出"流水句"的概念,因为"汉语口语里特多流水句",所以"用小句而不用句子做基本单位,较能适应汉语的情况"。

完权(2018)依据后接话轮的起始、会话共建、话轮延伸量这三条标准，考察汉语自然交际会话中的语法投射能力。考察发现，与英语和日语会话不尽相同，零句互动才是根本。从句法特征来看，小句互动是零句互动的特例。

2. 在线生成的语法

对在线生成的语法现象的研究，可追溯到赵元任对"来了吗，他？"这类现象的分析。赵先生虽然沿用了"倒装句"（inversion sentence）的说法，但同时提出了"追补"（afterthought）的概念，"如果临时想起的话加在一个已经完结的句子之后，那就是追补语。……前边的话不要这个追补语还是一个完整的句子"（Chao，1968/1979：75），并多次把"追补"跟"未经筹划的句子"（unplanned sentence）一起讨论。陆俭明（1980）对这类"易位"现象的类型和韵律表现进行了描述。张伯江、方梅（1996）发现，这类语句的后置成分不能"复位"，其产生动因是会话中要满足重要信息先说的要求。陆镜光（2004）借鉴 Lerner（1991）以及福特等人（2002）的动态分析视角，将这类现象看作"延伸句"(on-line extension)。陆镜光认为，"延伸句"这种话语策略可以为受话者提供话轮转换相关位置。陆镜光（2002）讨论了如何在行进的句子里辨识句末。此外，在进行的句子里，修补（Zhang，1998）、话语叠连（李先银，2016）、话语交叠等都是常见的、值得研究的现象。

而汉语自然会话中话轮如何转换、话语序列如何构建，其中的运行机制和影响因素是怎样的，目前的研究尚不多见。

3. 交际行为与句法表现

特定言语行为的句法表达在汉语的互动研究中颇受关注，比如对评价行为的话语表现的研究。汉语很多构式具有强口语倾向性，同时对语境具有高依赖性。如汉语中表达负面评价的"你看你"（郑娟曼、张先亮,2009）、"不是我说你"（乐耀，2011）、"真是"等等。方梅（2017）关于负面评价的讨论总结了评价表达规约化的途径以及会话序列环境与评价解读的互动关系。

话语立场表达研究中，陶红印（2003）讨论口语里"知道"格式的认识立场表达功能之后，董秀芳（2005）、方梅（2009）考察了人称代词的非常规用法，指出不同人称代词的选用与交际双方及他们之间的亲疏关系密切相关。汉语的反问句表达负面事理立场（刘娅琼、陶红印 2011）。"X 什么 X"具有负面立场表达功能（朱军 2014）。乐耀（2016）从互动交际的视角考察了让步类同语式在不同的会话序列结构中如何表达主观评价立场。李先银（2017a）对口语对话中的话语否定现象进行了细致描写。方梅、乐耀（2017）以话语功能语言学和互动语言学的研究范式为背景，探讨了汉语中言者立场的常见形式、形式的来源以及立场表达的特点，揭示了汉语立场表达在话语中的浮现特征、话语条件、语用推理机制以及立场表达构式的规约化等若干理论问题。

4. 韵律研究

赵元任是最早讨论汉语的表情语调（emotional intonation）的学者，他认为汉语的语调有中性语调和表情语调之分。像汉语这样的声调语言的实际旋律或音高运动可以分为三个层面，由三种因素构成：一个个音节词所独有的声调；这些声调在连贯的言语中的相互影响；以及表达说话者的情绪或态度的音高运动，即表情语调。表情语调除了声音的高低，还包括轻重快慢以及喉音的音程，它们都是表情的因素。赵元任把表情语调（口气语调）按照声学特征分为四十种，发现其中二十七种"以音高跟时间的变化为主要的成素"，还有十三种"以强度跟嗓子的性质为主要的成素"（赵元任，1929，1932，1933）。

话语的韵律特征与交际功能之间存在密切关系。沈炯（1994）注意到，汉语的口气语调有不同类型。比如表同情或安慰时语调低、音域窄（"哭啦？"），而表不安、求助时语调高、音域窄（"失火了！"）。"话语的韵律特征在很大程度上受其交际功能制约，话语的交际功能可以在一定程度上通过其韵律特征来实现"（熊子瑜、林茂灿 2004）。鲍怀翘、林茂灿主编（2014，345–464）指出，不同的情感态度也有不同的语调模式。情感语调有如下语音特征：(1)情感重音的位置与情感的表达密切相关（李爱军，2005）。(2)表情语调与语速变化相关，比如生气、惊讶和厌恶的语速快，而难过和害怕的语速慢。(3)情感语调的音高与中性语调相比，在调阶和调域上有很大变化，比如高兴、惊讶、生气的语调为高调阶，难过和厌恶语调为中低调阶；高兴和害怕的调域要宽，而难过、厌恶等的调域要窄等。(4)表情语调的边界调也有不同的特点，比如生气、厌恶语调的边界调中，词调后面有一个下降的尾巴；而高兴、惊讶语调的边界调中，词调后面是一个上扬的调。(5)不同情绪态度往往和一定的发声类型（声带振动的不同模式）有密切关系，比如愉快、生气、难过、害怕等分别倾向使用亮嗓音、紧嗓音、紧喉音和气嗓音。

除情感韵律研究之外，话语标记的语音表现也是一个重要领域。谢心阳、方梅（2016）选取时长、音高和停延三个参项，通过对比自然口语对话中连词的话语标记用法与一般的连词用法发现，话语标记的时长要大于连词用法的时长，话语标记的韵律特征体现为语音强化。这项研究从另一角度说明，话语标记的产生与语法化现象（伴随语音弱化）的差异。韵律特征构建了诠释话语意图的语境，对话语意义构建和功能诠释会产生重大影响。陈玉东、马仁凤（2016）基于谈话节目语料，比较分析汉语话语自然转换、紧接转换和打断转换三种类型的韵律特征。

互动语言学重视对自然口语的研究，将语法视为互动资源并在交际互动中被塑造，强调将语法研究置于社会互动之中。由于汉语缺少句法屈折，对语法的研究就是用法研究。汉语"用法包含语法"（沈家煊，2016）。着眼于互动分析，可以更好地揭示汉语的特点。

互动语言学将语言形式、韵律、表情、手势、身势、身体移动等多模态手段都看作互动交际的资源，也重视交际社会因素（如情理）对言谈过程的制约以及对语言产品的影响（李先银，2017b），置于同一理论框架下进行考察，拓宽了研究视野，既研究说了什么，也关注怎么说。这对于对外汉语教学理念具有重要启示。互动语言学的研究成果可以直接应用于对外汉语教学实践，互动的思想也可应用于汉语教学实践中，构建互动的"基于用法"的教学模式。

互动视角下的汉语研究方兴未艾。本节仅简要介绍了海外的互动语言学研究，对汉语研究的归纳也是举例性的。我们相信，互动语言学的理论和方法与汉语用法研究的传统相结合，将会带来很多研究课题，也会带来更多的新知。

综上所述，互动语言学针对语言静态研究方法缺陷，强调"互动"分析视角和基于自然口语语料的动态分析，旨在探讨真实口头言语交际中的语言结构及运作模式与互动交流的相互影响。本研究认为，互动语言学"基于用法"的研究范式、动态语法观与汉语"用法型"语言属性高度契合，基于互动语言学的汉语研究前景广阔。具体而言，《互动语言学》能为汉语研究带来以下两方面的启示：(1) 互动语言学框架下的汉语及其方言小品词研究。汉语及其方言小品词因其功能和用法纷繁多样，使用范围广、频率高而一直是学界焦点。张谊生（2016：78）总结了该领域近30年来的研究后指出，传统的结构主义描写、分析研究方法已不能满足现代汉语小品词研究需要。若要想取得更多的突破，就必须采用多元论的观点，尽可能地借鉴各种行之有效的西方语言理论。互动语言学的"互动"核心理念和小品词的"自然交互属性"（interactive in nature）相契合，二者的结合必将大有作为；(2) 互动语言学理论与研究方法的本土化研究。作为西方学术界的"舶来品"，互动语言学理论和研究方法多适宜分析西方文化语境下的会话交互现象，如何实现汉语研究与互动语言学的完美结合，进而催生中国特色汉语语言学理论体系，这也是语言工作者在中国特色哲学科学建构中所要肩负的责任。我们认为可行路径之一应该是：首先对支撑互动语言学各流派理论与方法进行梳理，对其形成系统把控，同时密切关注汉语研究中存在的实际问题，为互动语言学找到最佳切入点；然后基于大量的汉语语言事实，对互动语言学理论、方法进行大胆补充、修正，逐步创建符合汉语语言特点的理论研究体系。

3.8 互动语言学最新发展动态（二）

（一）引言

小句联合是互动语言学的经典研究课题之一，但汉语小句联合与互动语言学的结合尚处于起步阶段，且已有的研究多聚焦于单个案例分析，对研究框架的系统性建构较少涉及。本节基于互动语言学研究的五个基本原则，从三个方面为汉语小句联合研究搭建框架：(1) 采用真实会话材料，考察互动中小句联合的真实面貌；(2) 贯彻"位置敏感语法"理念，结合序列结构对小句联合进行动态分析；(3) 联系言语交际行为和交际互动因素探讨小句联合的形式及其浮现条件。本节尝试为汉语小句联合研究搭建互动语言学框架，实际上是将互动语言学理论与方法同传统的汉语用法研究相结合，力求挖掘汉语事实，为传统语法框架下未得到充分关注、但对理解语法本质有重要意义的小句联合研究带来新视角。

（二）研究背景

小句联合（clause combination）是一种大于小句的语言单位，是通过连接词或连接词省略的形式表达小句之间的（1）并立（paratactic），如附加性、对比性、选择性关系；(2) 主从（hypotactic），如副词性小句；(3) 附属

(subordinate），如补足语小句和关系小句及（4）其他如假性分裂句、外置结构及投射结构等联合关系。传统描写语法也将小句联合称为复句（compound sentence），其采用的并列结构（coordination）和从属结构（subordination）是基于静态的句子观念，无法涵盖真实互动交谈中小句关联的复杂现象。

事实上，小句联合一直是"互动语言学（Interactional Linguistics）"的经典研究课题，甚至在互动语言学这一术语正式提出之前，从言语参与者角度观察、描写和解释小句联合的研究也不鲜见，如福特（Ford，1993）以美国英语口语中的状语小句为研究对象，发现此种传统上所认为的从属小句在互动中并非总是依附于主句而存在。原因状语小句通常单独充当一个话轮，而与主句共现作为一个完整句子的现象在互动中并不常见。如说话人的要求或提议没有得到回应，或者听话人在下一话轮发起修正（repair），都有可能引发原因状语小句的使用。因而，状语小句在某种程度上也是说话人和受话人互动参与的产物。近几年，基于互动语言学的研究将"互动"与"语言"真正结合起来，对传统描写语法语言观视角下的小句联合现象进行反思，如劳里和奥诺（Laury & Ono，2014）发现芬兰语和日语中的小句联合并非语言使用者预先设计的语法形式，而是在各种在线因素影响下在互动中浮现；古特纳（Günthner，2020）的研究表明，德语日常会话中条件句 wenn-construction 的前置后置与小句联合实现的不同社会行为（social action）存在互动，且不同社会行为的实现是条件句 wenn-construction 游走于与主句紧密结合和自由离散连续统上的主要驱动力；关越、方梅（2020）发现汉语自然口语中存在合作共建（collaborative construction）现象，即小句联合可由不同说话人说出的相邻话轮共同构建。如"如果……就……"就是最典型的合作共建格式之一，同时也是一个投射性很强的结构。当会话参与者听到假设连词"如果"时，就会预期后面一定还有表示结果的分句。方梅（2018）、姚双云（2018）等还发现小句联合中连词新兴用法的浮现主要受到连词在会话中的序列位置和话轮间话题延续性的制约。

应当说，基于互动语言学的研究强调从社会互动（social interaction）这一语言原本的自然栖息地（natural habitat）来了解小句联合的结构及其运用，它冲破了传统研究的藩篱，并因此获得了对小句联合语言结构和句法模式的新认识。但总体而言，从互动语言学角度对汉语小句联合进行分析的成果还比较缺乏，且已有的研究多聚焦于单个案例分析，对研究框架的系统性建构较少涉及。鉴于此，本节结合互动语言学研究的五个基本原则，尝试从三个方面为汉语小句联合研究搭建框架。

（三）互动语言学研究框架搭建

"互动语言学"是缘起于社会学，后吸收会话分析、语境化理论及人类语言学等人文社会学科的理论精髓和研究方法而形成并发展的新兴理论，是对语言研究的一种"互动综观（an interactive perspective）"（刘锋、张京鱼，2017：30），其研究遵循五个基本原则：(1) 采用真实发生的自然语料；(2) 进行语境敏感（context-sensitive）分析，考虑包括话轮、序列、行为、投射等多种与互动组织和语言结构相关的因素；(3) 采取在线视角，将语言结构看作人际交互中所"浮现之物（emergence）"，通过交互双方"磋商（negotiation）"达成；(4) 基于实证（empirically grounded），从话轮设计、话轮间关系等现实情况寻求语言形式及其功能动因；(5) 通过参与者取向（participant-orientation）来验证论断，即将会话参与者本身的处理方式作为论断依据，而非研究者自己的主观判断（刘锋、张京鱼，2020：100）。

本节进一步将互动语言学研究的五个基本原则凝练为三个"何种"，即基于何种语料（原则1）、分析何种因素（原则2）及进行何种分析（原则3～5），并围绕这三个"何种"从以下三个方面为汉语小句联合研究搭建框架：(1) 采用真实会话材料，考察互动中小句联合的真实面貌；(2) 贯彻"位置敏感语法"理念，结合序列结构对小句联合进行动态分析；(3) 联系言语交际行为和交际互动因素探讨小句联合的形式及其浮现条件。

1. 采用真实会话材料，考察互动中小句联合的真实面貌

传统的汉语小句联合研究有"书面语偏向（written-language bias）"，研究主要基于内省或书面语料，得出的结论往往是流于观感，难免片面失当。事实上，汉语语言学研究具有注重口语、注重用法的传统。赵元任（1979）的《汉语口语语法》就以北京口语为材料，专门研究了汉语口语中的小句，提出"未经筹划的自然口语里，'零句（minor sentence）'是根本，'整句（full sentence）'由零句组成"等对小句联合研究具有深远影响的观点。吕叔湘（1979：102–103）在《汉语语法分析问题》中也明确表达了"语言的主要用处是对话"的观点；而国际语言学界，话语功能语法、语料库语言学以及会话分析所代表的实证性研究方法启示我们，实际语言使用（尤其是口头交际）中小句联合所呈现的组配形式、总体分布、意义功能等是人们仅凭语感印象或书面材料难以获得的。根据互动语言学的观念，语言中的"范畴"归纳都是基于实证的（empirically grounded），因为语言的规律性是在使用中浮现出来的。小句联合作为互动交际的语言资源（linguistic resource），实时地处于一个浮现过程中。换言之，对于汉语小句联合的手段以及它们在使用中形义及功能演变的研究，要想取得突破，首先要深入实际使用的真实言谈，发掘足够丰富、准确且全面的语言事实。

以往有研究认为，表因果关系的小句联合中，原因小句前置是汉语的默认语序，且连接词"因为……所以……"通常成对出现。如下例(5)⑭：

例(5)因为下雨，所以不来了。（赵元任，1979：113）

宋作艳、陶红印（2008）等基于汉语口语语料库的研究发现，原因小句后置在汉语口语中占绝对优势；刘锋等（2023）基于互动语言学的理念和方法进一步指出，"因为……所以……"连接词共现并不常见（在374例表因果关系的小句联合中仅出现11次，约占比2.9%），如下例(6)：

例(6)（学生宿舍：室友M、F讨论减肥产品"要瘦"）
1M：我要"要瘦"，很符合我最近 [减
2F：　　　　　　　　　　　　["要瘦"是什么东西啊？我看一下 =
3M：= 因为我最近在减肥，所以说"要瘦"。

上例(6)中，M在介绍减肥产品"要瘦"时被F插话，形成了话语重叠。这种情况下，M采取紧接的方式重启被打断的话轮，并采用"因为……所以……"连接词共现格式刻意强调因果关系，使其更加突显、明朗，旨在让语义逻辑更加清晰；"因为……所以……"连接词共现也给会话参与者一种话轮完整固定的心理感受，从而防止F再度抢夺话轮。显然，因果关系小句联合连接词共现是自然口语会话中的有标记用法，用于如打断、纠偏等特定会话交际环境。实际上，小句联合中某个连接词的"缺失"符合口语会话的"趋简性"特征，即汉语语法结构在表示同样一种语义蕴含时，尽管全量形式和简化形式都可以采用，但说起话来人们更多地选择简化形式，也就是将某个分句或分句引导词删掉（姚双云，2018：2）。

另外，互动语言学本质上具有跨学科的特性，这与该分支的诞生与发展过程相关（Couper-Kuhlen & Selting, 2018），更为重要的是，这更加贴近其研究对象——互动交谈的本质，即语言的词汇句法形式与韵律特征，乃至交际场景中的身体—视觉表现，都是互动的资源。之前的研究由于受视角和研究手段的限制，对于口语对话中小句联合的语言形式和会话现象的研究，往往存在不同方面的割裂。具体而言，进行语义语用分析的，往往忽视小句联合的韵律特征；而分析语音韵律特征的，对小句联合在话轮和序列语境中的意义功能分析又显得粗糙。事实上，序列中的语义解读、语音-韵律特征、其他交际因素乃至眼神身势等，都应当结合在一起，在具体问题的研讨中相互印证。如下例(7)：

例(7)(茶馆：好友 S 与 Z 谈论减脂期间的最佳选择——"初心"牌酸奶)

———————————((S 凝视 Z，下同))

1S: 我给你说嘛，我最_我最喜欢喝的是"初心"。
H ((Z 点头，下同))

2Z: 嗯。

                HH

3S: "初心"很好，但是"初心"你要买＜半糖"初心"＞(0.5),

      HH   HH

4S: 因为我喝过半糖"初心"，我发现半糖_并不影响口味，而且主要是半糖利于减脂，

5S: 哦，你知道怎么分辨半糖和全糖吗？

6Z: 买的时候（外包装）上面会写。

         H

7S: 嗯。所以我告诉你啊，半糖"初心"是减脂最好的选择。

8Z: 嗯。

上例(7)中出现了"小句链（clause chaining）"⑮这一小句联合形式（话轮 3、4、7）。该例中的小句链由"但是""因为""而且""所以"4 个连接词引导的非句法独立小句构成，它们一方面是说话人借此向听话人表明他并未到达会话的可能完结点（possible completion point）；另一方面旨在最终结束当前的话题，如当前话题在"嗯。所以我告诉你啊，半糖'初心'是减脂最好的选择"中结束。值得注意的是，话轮 5、6 虽然构成执行"问—答"行为的旁侧序列（side sequence）⑯，但无法影响小句链句法独立性的最终实现，即达成交际目标——介绍减脂最好的选择——半糖"初心"（话轮 7）；从韵律特征这一副语言因素来看，小句链中由连接词"但是""因为""而且""所以"引导的非句法独立小句均是以标示话语继续的语调（continuing intonation）——升调结尾，它具有话轮投射性。即使 S 的话轮 3 后段语速放缓且伴有 0.5 秒停顿，Z 也并未将此处视为话轮可能结束处而接管会话。最终在 S 采用降调结束当前会话时，Z 才用独词句"嗯"予以确认；该例中的非语言因素"凝视(gazing)"和"点头(head nodding)"也是小句联合的一种手段。S 第一次凝视就伴随着 Z 的点头（话轮 1、2），这是交互双方确认话题启动。随后的会话中 S 占据主导地位，Z 则在此过程中几乎一直凝视 S⑰。特别值得注意的是，S 的小句链中由连接词"但是""因为""而且""所以"引导的非句法独立小句结束处都伴随着 Z 点头（话轮 3、4、7），点头是 Z 对 S 继续当前话语的允准。S 采用再度凝视 Z 的方式将其拉回小句链（话轮 7），会话最终在 Z 的反馈标记"嗯"中结束（话轮 8）。

综上，基于真实会话语料的研究让我们窥见韵律这一副语言模态及凝视、点头等非语言模态在小句联合建构中的作用，丰富了我们对汉语自然口语中小句联合方式的理解：汉语小句联合是会话参与者的非言语表达与语言组织紧密协调，于真实会话中所"浮现之物(emergence)"。显然，小句联合研究往往涉及更大的上下文语境，需要借助真实语料来验证和支持；而基于真实会话材料的小句联合研究也会证明内省或书面语料中那些比较合理的部分，并使我们有可能给予它们比较恰当的解释。

2. 贯彻"位置敏感语法"理念，结合序列结构对小句联合进行动态分析

"位置敏感语法（positionally sensitive grammar）"是互动语言学领域的新兴语法观（Schegloff, 1996），是互动分析和结构分析结合的重要成果。谢格洛夫（Schegloff, 1996）认为，在自然会话中，位置敏感性至少作用于三个

层面：话轮内部话轮构建单位（Turn Construction Unit, TCU）的位置；多话轮范围内话轮构建单位的位置和话轮自身的序列位置（sequential positioning）[18]。位置敏感的语法观认为，语法产生于特定的序列类型，并由特定的序列类型和序列位置塑造，其中序列类型是基于特定行为（Couper-Kuhlen, 2004；Thompson et al., 2015：78）。方梅（2017）指出，对互动言谈中成分的探讨需要关注其所处的序列环境（sequence environment），既包括序列位置，也包括话轮内位置。也就是说，基于互动语言学的汉语小句联合研究应沿着动态序列分析及位置敏感的理念继续推进，以序列结构为线索，将小句联合的语言形式与分布、互动功能结合起来，细化语言事实的描述与解释。本节以表因果关系的小句联合为例，展示位置敏感语法理念指导下的序列结构动态分析。如下例(8)~(12)。

例(8)（家庭：母亲 M 和儿子 S 讨论烘焙）
1M：做糕点其实我觉得还是需要耐心的。
2S：我现在比较喜欢做面包不喜欢做蛋糕，因为面包你可以摔它，随便弄它。

上例(8)对因果小句联合的话轮内部位置进行考察，发现"因为"小句后置是其在会话中的优势语序（在 374 例表因果关系的小句联合中共出现了 307 次，约占比 82%）。

基于位置敏感语法的研究还发现多重"因为"[19]后置的情况（在 307 例"因为"后置中共出现了了 57 次，约占比 17%）。如下例(9)：

例(9)（茶馆：Z 引导好友 F 了解自我）
1Z：就是你到底在嫉妒原来的自己，还是说你只是烦杨慧？=
2F：= 就是气:::自己没有一个让杨慧闭嘴的办法。
3Z：对。就是你要自己去想，想清楚你到底是_什么，因为这个我真没法帮你去解答，我自己都是，因为我不了解你，因为你自己现在都_没有办法给_给我一个非常<明确>的表述。

"因为"小句前置共出现了67次,占比约18%。如下例(10):

例(10)(学生宿舍:F向室友Q抱怨妈妈通过会员卡积分变动监视自己)
1Q:你是不是感觉[自己被监控着。
2F: [几点结账,她就会所有的都知道 =
3Q:= 就是自己感觉被监视着。
4F:因为一个号的话你更容易把分积高,更好嘛。
5Q:嗯:。
6F:所以我就没有拆开用,积到她的卡上(2.5),然后她就知道我什么时候在什么地方干了什么事。

再来看"因为"小句在会话中的自身序列位置。"因为"主要分布于两种会话序列位置:(1)评价—回应;(2)提问—回答。"因为"最常出现于"评价—回应"相邻对的后件,即回应序列,用以表达受话人对说话人所述内容回应(包括赞同或反对)后的进一步解释说明。如下例(11):

例(11)(学生宿舍:室友J、A认为语义学课程难度很大)
1J:我觉得语义学挺难的,好多概念好抽象啊,理解不了。
2A:我也觉得难,因为我们之前没有看过英文原版学术专著,有时候有些句子都不太看得懂,哎。

上例(11)中,J认为"语义学"相关概念抽象难懂,A用"我也觉得难"表示赞同,并用"因为"进一步说明原因。

"因为"出现于"提问—回答"相邻对的后件,即回答序列,用于对前一说话人提问的告知(informing)。如下例(12):

例(12)(学生宿舍:Z告诉室友L自己没有出国念书很幸运)
1Z:我是觉得我没有出去很幸运。
2L:为什么呢?(0.7)今年吗?
3Z:对啊,因为如果按照我原本的计划,我_就应该是今年毕业,而且正好就是现在，六月份，然后这情况（（指疫情））我怎么出国呢？

上例(12)中，Z首先通过话轮首位的"对啊"，回应上一话轮中L 0.7秒沉默后的是非疑问句"今年吗？"，随后进一步用"因为"小句对L的直接疑问"为什么呢？"进行回答，同时也对话轮1中"很幸运"的原因进行陈述。

3. 联系言语交际行为和交际互动因素探讨小句联合的形式及其浮现条件

互动语言学将言语交际中的行为称为"社会行为(social action)"，这是互动语言学研究的重要切入点。相邻对中的两部分在行为上是互相匹配的，否则就会产生互动上的困难。汤普森等（Thompson et al., 2015：78）指出，回应承接始发行为，具有序列特定性（sequence-specific），是被规定了类型的——特定的始发行为总是对应着特定的回应行为。互动语言学者不仅关心说话者"说"了什么，同样也关心说话者"做"了什么。强调话语交际的"社会性"，意味着这些行为是互动参与者需要通过互动协作的方式（或至少关照到其他言谈参与者）来完成的。从语言学的角度来看，会话互动中所关注的社会行为，就是话轮最主要的职责。这种职责体现在，回应者需要对其进行处理，并据此建构回应话轮，使其可以成为一个合格的下一话轮（Levinson, 2013）。学者们进一步发现，互动中社会行为的实施，存在高频出现的语法格式，即社会行为格式（social action format）（Fox & Thompson, 2007；Couper-kuhlen, 2014）。因此，将小句联合联系它所实施的交际行为，以及更宏观的活动框架，可以揭示各级语言手段在行为构建和识别中发挥的作用，同时将言者意图和行为两个层次剥离开，从而避免不同层次要素混淆，增强解释的一致性和系统性。

此外，互动行为和交际因素持续地塑造着小句联合形式，浮现出规约化的表达形式。学界对诱发规约化环境因素的探讨从未停止，提到的因素主要包括句法位置、语义关系、使用语境等的多重效用。比如小句联合连接词"但是"由于"悬空"用法的使用，逐渐浮现出话轮末尾小品词的功能。如下例(13)：

例(13)（学生宿舍：S、D、B闲聊新学期更换的英语教师）
1S：我们这学期的英语老师 [换人了。听说这个老师对学生特别好。
2D：   [换了。

3B：换曾老师了，她对毕业论文挺严格的但是。((呼气))

4S：对。

5B：>就是就是<。

上例(13)中，说话人 B 以降调的"但是"及呼气表明该话轮来到可能完结点（话轮 3）。听话人 S 也将其视为完整话轮，并采用降调的独词评价句"对"接管话轮。从小句联合所实施的交际行为看，会话参与者 B 执行了 S 对"新英语教师"首次评价（first assessment）后的二次评价（second assessment）行为，其中连接词"但是"的句法位置从典型的话轮内句首移至句末，其移动驱动力主要来自使用语境和语义关系，具体而言：前述话轮 1、2 发生重叠，说话人 B 想在如此紧凑的话轮交替中传递信息就不得不将重要信息前置——新教师对毕业论文要求严格；而二次评价内容与首次评价间存在语义转折关系：新教师虽好，但对毕业论文要求严格。因此说话人 B 将连接词"但是"临时增补于话轮末尾。值得注意的是，韵律特征在连接词规约化表达形式的浮现中扮演着重要的角色——小句联合通常包含两个及以上单位，连接词可以在韵律上与第一单位黏附，形成"悬空"用法，从而导致连接词演变为话轮末尾小品词[20]。

（四）结语

互动语言学框架下的汉语小句联合研究需要的是对语言结构的全新理解：小句联合并非语言使用者预先设计好的语法形式，而是在各种在线因素影响下在互动中浮现出来的。互动参与者合并小句的主要手段，既包括形态句法手段、固定搭配和习语、韵律因素等，也包括语义和语用因素，甚至非言语手段。总体来说，互动语言学框架下的汉语小句联合研究应该摒弃原有将语法系统视为封闭静止系统、将句子视为抽象完整个体的观念；遵循即时、在线、动态的研究路径，联系言语交际行为和交际互动因素（如句法位置、语义关系、使用语境等的多重效用）寻求小句联合语言结构的生成动因。

本节提出将互动语言学理论和方法与汉语小句联合研究相结合，力求一方面挖掘汉语事实，为传统语法研究中的小句联合问题带来新的视角和见解，启发进一步探索与突破；同时开拓研究视野，对传统语法框架下包括小句联合在内并未得到充分关注、但对理解语法本质有重要意义的课题进行探索（如语句的合作共建等）。另一方面，通过对汉语互动交谈的考察与分析，扩充和发展互动语言学的原则和方法，深化对于语法作为互动中浮现的惯例的认识。最后，把互动语言学理念和研究方法引入汉语研究也是非常有意义的。汉语是意合语言，轻形式，重意义和功能，形式相对松散，更适合互动语言学这种认知功能的研究路径。

3.9 小结

　　本章首先对互动语言学理论的缘起与发展及主要观点进行论述和总结，并从研究视角形成、研究方法选择及研究目标确立三个方面为本文的研究搭建全新理论框架，即本研究是以"互动观"为基础，以会话分析方法为主要研究手段，围绕所提假设——"语气词本质上是交互主体完成特定会话互动所采用的一种语言机制，而此种语言机制反过来又产生特定会话结构与互动功能"而展开的一项实证研究。本章首先阐述"互动语言学"理论的缘起，然后梳理和归纳其主要学术观点及主要研究理念，在此基础上，从研究视角形成、研究方法选择及研究目标确立三个方面进一步为本文的汉语语气词研究搭建全新的互动语言学框架，并指出互动语言学框架下汉语语气词研究可能面临的问题及未来发展趋势。最后，本章对互动语言学最新发展动态进行论述和总结，特别是对互动语言学理论与研究方法和汉语研究的结合予以重点关照，力求为读者提供一幅该领域发展较为完整的图画。

⦿ 注释：

⑧ 互动社会语言学（Interactional Sociolinguistics, IS）的一个主要关注点，就是为定性的社会语言学寻找可验证的研究方法，以便解释现实的社会交际中的语言和文化差异性，揭示它们对社会和个人生活的影响。目前已有证据显示，不能再将差异性视为主要是某些来源不同的语言文化系统之间的差别，或不同语言系统之间的语法和语义区别。无论我们生活在哪里，差异总是包围着我们，并大大影响我们的日常生活。我们需要一些能够应用于所有情境的、不必对语言和文化背景做同质预设的分析方法。互动社会语言学认为，要解释在不同场景中可能发生的交际困难，最好将话语中的理解视为一个形成假设的过程，在此过程中参与者对各交际点上的说话者意图做出推理。说话者并非只是对话语的字典意义做出反应，而是如会话分析学者指出的那样，首先在互动过程中对意义的评价做出某种提议，然后证实这一提议、与其争辩或谈判。在推理的过程中，除了语法和词汇知识之外，会话者还依赖一系列其他因素，例如指示性符号的知识及其解释性意义、语句在会话流当中的位置、该语句意义

的文化预设，等等。在接下来的会话中，这些假设或者被证实，或者被推翻。互动社会语言学试图明确揭示这些因素究竟是什么，以及它们如何在特定的交际时空中共同作用，从而产生意义的解释。会话中的推理可定义为一个解释程序，交往者通过这个程序来评价某点上的交际意图，并依赖它来计划和实施自己的回应。分析要揭示的是说话者评估交际意图的假设的形成过程（转引自高一虹，2003：3）。更多"互动社会语言学"相关讨论可参见约翰·J. 甘柏兹《互动社会语言学的发展》（高一虹译，中国社会语言学资料汇编，2003年第1期）。

⑨ "下一话轮证明程序"是会话分析方法的基本运作机制，它能够确保研究者获取更为客观、可信度更高的研究结论。萨莫瓦（Samovar，1991：7）认为，交际互动就是"一个人对另一个人的行为或行为遗迹做出了反应"（Communication may be defined as that which happens whenever someone responds to the behavior or the residue of the behavior of another person.）。作为会话分析采用的基本方法，"下一话轮证明程序"就是通过对某一语句或者行为的后续语句或行为的分析来寻求会话参与者对前一交际者的行为的理解。刘运同（2002）认为该方法可以保证会话分析找出的会话中的有规律的特征是由于会话参与者受到规则的引导而成就的，而不是仅仅建立在分析者的假设上面。

⑩ 刘锋（2015：60）研究发现，汉语句中语气词"呔35"（音tai）的抱怨和责备情绪标示功能是由说话者和受话者协作建构且在交互中呈现出程度的高低。

⑪ 本研究从互动语言学所受启发亦可在王寅（2005）的论述中获得佐证：从人类的认知特点来看。受话人往往会根据相关背景或交互中的诸多因素，主动对说话者所述信息进行补充，从而在心智上形成一个完整的认知世界。

⑫ 此处对会话分析法的运作机制做出简要描述。实际上，要通过包括"下一话轮证明程序"在内的会话分析手段对汉语语气词做出客观、全面的解析是一个复杂且极为严密的过程。

⑬ 对互动语言学理论的质疑主要来自形式语言学家，如美国生成学派代表人物之一的纽梅尔（Newmeyer）就于2003年在权威刊物《语言》（*Language*）上撰文《语法是语法，用法是用法》（"Grammar is grammar and usage is usage"）对"用法先于语法"的思想提出异议。

⑭ 文中语料除特别标注外，均截选自研究团队2012—2022年间，在北京、天津、陕西等地不同语境中（如家庭成员、朋友、熟人、路人间等）录制的自然会话语料约200小时，并利用ELAN软件自建约140万字多模态语料库。本文涉及的转写符号："["表示重叠话语开始位置，"="表示前后话轮紧接，"_"表示短暂停顿，"> <"表示语速加快，"< >"表示语速放缓，"："表示音调拖长，符号越多音调越长，"(0.0)"表示停顿具体秒数；文中非语言模态转写规则依照Kendon (2004)："---"表示凝视，"H"表示点头，伴随会话参与者话轮展开的非语言模态转写置于语言转写之上。

⑮ 小句链是指一系列由连接词引导的非句法独立的小句联合形式（Laury & Ono, 2014）。

⑯ 会话参与者对谈话进行澄清或补充时，往往会打断当前话轮，由此产生的嵌入话轮就叫作旁侧序列（Coulthard，1977：74）。

⑰ 整个会话过程中，Z几乎一直注视着S，因此在转写时不做凝视标记。

⑱ 序列是互动语言学研究的核心概念之一，是指一连串连贯、有序、有意义的话轮（Schegloff，2007）。序列位置是一个动态的概念，交际者的话语组织、话轮设计，都依赖于之前序列展开形成的语境，后续话语都会被视为与之前话语具有关联性的序列。从这个意义上说，会话交际实际上由双方（多方）交替进行、前后相继的序列不断推进。如会话中的引发（initiation）—应答（response）序列展开过程也是会话的动态推进过程。

⑲ "多重"指两个及以上"因为"小句连用。
⑳ 穆德和汤普森（Mulder & Thompson，2008）研究发现，英语自然口语中表达小句之间附加性、对比性及选择性关系的连接词 and、but 和 or，由于"悬空"用法，也浮现出从连接词到话轮末尾小品词的功能。刘锋等 (2022) 对湖南吉首方言自然口语中小句连接词"哒"的研究也有类似发现。

第4章 研究方法及语料

4.0 引言

　　汉语语气词研究一直是学界的关注热点和研究难点,学者们基于不同的理论背景、从不同的角度展开了大量探索,但对其意义和功能的描写和解释至今都未能达到令人满意的程度。造成这种窘迫局面的因素很多,从客观上说,是由于语气词本身表意太空灵且用法复杂多样而难以把握,但在很大程度上,这也与研究方法选择不恰当有关。随着现代语言学对语言使用规律研究的不断深入,源自社会学研究的"会话分析方法"业已成为语言学研究中的一种重要手段。会话分析出于对语言事实的格外尊重和重视,形成了其独特的研究理念,为人们重新认识包括汉语语气词在内的许多语言现象提供了一个全新视角。我们认为,虚词研究虽难,但会话分析方法的运用使得学界准确了解、掌握它的意义和功能成为可能。

　　本章包括四节:第一节指出前人研究方法中存在的主要问题,第二节针对前人研究问题提出解决办法,即运用互动语言学倡导的会话分析研究方法和语料库语言学研究方法,第三节和第四节分别介绍语料准备和语料转写规则及实例。

4.1 前人研究方法中存在的主要问题

　　国内学者(宋秀令,1994;彭兰玉,2003;林华勇,2007;李小军,2008;王景荣,2011等)对汉语语气词的研究主要采取传统的内省法和诱导法。内省法又称自我观察法,是指研究者基于语感和直觉来判断语言现象的合理性和可接受性。这种方法的最大特点是方便,任何研究者都可以根据大脑中现存的语言现象做出自己的判断和分析。但由于研究者的知识背景和语感不一样，得到的结论可能截然不同。此外，基于内省法分析的语言现象十分有限，难以揭示某一语言规律的全貌。诱导法则是一种调查法，指通过实地或者问卷调查来收集人们对实际语言材料的看法及其对语言材料的心理反应。比如设计特定的方案诱导受试者判断汉语语气词的可理解度和可接受度。这也是一种实证的方法，其优点是介入了语言使用者的心理，而不是单纯研究者个人的感悟。但这种方法的不足之处在于，受试者的知识差异、主观判断差异、语言直觉差异以及测试的语境差异等都会影响测试结果（参见姚双云，2012：37）。基于内省法和诱导法最大的问题在于，研究者很多时候是以单个句子、虚拟的交际场景或书面语篇作为分析语料，此类脱离汉语语气词产生环境的做法一开始便将研究"带离正确轨道"，结果自然无法还原汉语语气词的真实面貌。

随着学界对"超句因素（extrasentential factors）"，如交互语境、交互主体等在汉语语气词使用中重要性认识的逐步加深，有学者开始收集真实会话语料对汉语语气词进行研究。此类研究的通常做法是：从语料中圈出语气词，随后根据分布情况逐一判断其意义与功能。诚然，这些基于自然会话语料的研究揭示了汉语语气词的部分特征，但由于所获结论为研究者单方面做出，因此仍然无法提供证明汉语语气词意义及功能的客观、有效证据。

再来看汉语语气词研究中较为常用的比较分析法。该方法是指，"把包含有某个语气词的句子跟抽掉了该语气词的句子拿来比较，即做有无语气词的对比"（马真，2007：91）。马真（2007）、陆剑明（2003）等学者一致认为该方法在把握汉语语气词的意义和功能中用处很大。但我们发现，很多研究者（李樱，1999；屈承熹，2002 等）在开展对比分析时，往往带有主观假设，如此一来，此类研究又陷入了前人研究单凭直觉，而缺乏实证证据的窠臼。

总之，前人研究过多依赖非自然情况下产生的会话语料，首先就使得汉语语气词研究偏离正确轨道。纵有少数基于自然口语语料的研究，由于掺入研究者的语感和直觉判断，而导致实证证据不足，所获结论缺乏说服力。另外，大多数研究所用语料覆盖面不大，难以揭示汉语语气词的全貌。本文认为，会话分析法和语料库方法的运用能够弥补前人研究中的这些缺陷。接下来将对这两种方法在本研究中的实际运用做详细描述。

4.2 本书研究方法

4.2.1 会话分析法

"会话分析法（conversation analysis）"[21]在汉语语气词研究中有着独特优势，具体表现为研究者进行会话分析时，可以利用除语感和直觉之外的其他客观手段来证实自己的分析和结论。本书上一章所提到的"下一话轮证明程序"就是其中一种最为重要的手段。来看徐碧美（Tsui, 2000）对该证明程序在会话分析中运用所举出的经典案例，如下例(14)：

例(14)
1A：What time is it, Denise?
2B：Two thirty.
3A：Thank you, Denise.

上例(14)中，我们从B的应答中可知，前一说话者A实施了"询问"这一话语行为。随后的话轮3中，A的感谢反馈又表明B的回答使其满意，是一个合适的回答。

接下来，我们通过一个实例来进一步了解"下一话轮证明程序"在汉语语气词研究中的实际运作情况。如下例(15)(转引自Wu, 2004：71–72)：

例(15)
((R和C谈论教授制作台湾小吃"bi-ke"的补习班))
1R：补什么 _bi-ke 啊，有补习班。
2C：有补习班哦？
3R：((R微笑点头))
4C：*我是不晓得。*((*笑*))

上例(15)中，我们从话轮3中R的肢体语言得知，话轮2中C的提问实际上是一种"寻求确认"行为。又从随后话轮4中C的话语了解到他事先对"台湾有 bi-ke 补习班"一事毫不知情。基于"下一话轮证明程序"的研究方法，Wu 得出结论，句末语气词"哦"具有说话者就"未知"或"不确定"信息向先前说话者寻求确认之功能，并且说话者在实施这一话语行为的同时，句末语气词"哦"又标示出当前说话者对话语中所含"新闻价值"（newsworthiness）的意外或惊奇立场。

由以上两例可见，在会话分析视角下，研究者利用会话参与者所展示出来的对前一说话者行为的理解，为描述和解释交际者行为或特定语言现象提供可靠证据，由此所获结论具有很强的可观察性和客观性。

4.2.2 语料库语言学研究法

语料库是现代语言学研究中的一个重要工具，其采样的随机性、样本的代表性能最大限度地避免了研究者的个人语感介入，因此研究所获结论将更全面、更客观。该方法的运用为汉语语气词研究奠定了坚实基础。我们从总计约 100 小时的自然会话音频中，分别提取 7 个不同录音场所前 10 小时的录音共 70 小时[22]，然后使用 ELAN 软件[23]建成约 30 万字的小型汉语自然口语语料库。该语料库的建立在一定程度上保证了研究语料的真实性、自然性和覆盖面。研究在此基础上，借助统计软件，从大量的现实语料中得到准确可靠的数据。

4.2.3 本研究开展的语料准备

（一）语料收集

语料收集主要由研究者本人[24]于 2012 年 12 月至 2023 年 7 月间，在湖南、陕西、北京等地城区 7 个不同场所中[25]，如超市、家庭、茶馆、发廊、商场、菜市、影楼，录制家庭成员、朋友、营业员与顾客、熟人间面对面或电话交谈录音[26]。录音场所除"家庭"外，其余均为人流密集地带，且本次录音的主要场所之一——"超市"为作者母亲所经营，这些都为本研究获得丰富多样的语料提供了便利。

（二）语料描述

(1) 会话参与者人数与性别

表 4-1 呈现了研究语料中会话参与者的人数与性别情况。由该表可见，70 小时的会话语料共包括 138 位不同会话参与者，其中女性 111 名，男性 27 名，前者人数为后者的 4 倍（比例为 4.3∶1）。以往的研究显示，语气

词的功能可能与说话者性别存在特定关联。如陈洁雯（Chan，1996，1998，2002）就注意到，比起男性，女性粤语方言者使用句末语气词 je 的频率更高，且主要用于凸显会话双方的亲密关系；梅尔霍夫（Meyerhoff，1994）则发现新西兰男性毛利人用句末语气词 eh 来显示与同乡间的团结，而该用法在女性和欧洲裔毛利人中并不显著，而库克（Cook，2001）对日语句末语气词 no 和 ne 的研究也有类似发现。尽管上述研究表明性别是语气词研究中的一个重要变量，但奥克斯（Ochs，1992，1996）在其著述中指出，在社会语言学研究中，性别远非一种生理特征，而是一个复杂的社会化概念（socializing gender），作为单一变量的性别并不是造成语气词基本意义和功能差异的主要因素。换句话说，尽管本研究的语料中女性会话参与者居多，但性别变量对本次研究的结论不会产生决定性的影响。

表 4-1　会话参与者人数与性别

录音场所	女	男	比例	合计
超市	43	11	4∶1	54
家庭	1	3	0.33∶1	4
茶馆	1	3	0.33∶1	4
发廊	25	3	8.33∶1	28
商场	16	2	8∶1	18
影楼	16	4	4∶1	20
菜市	9	1	9∶1	10
合计	111	27	4.1∶1	138[②]

（2）语料内容简述

70 小时的会话语料几乎囊括了日常交际中的各种言语行为，如问候、告别、抱怨、开玩笑、说故事等等，主题的广泛性使得本研究语料具有典型性、代表性，非常适合定量统计和定性分析的开展。接下来对本文语料所涉内容及主要人物做简单描述。

超市

M[③]与姐妹 A1、A2、A3 共同经营一家位于市区繁华位置的中型超市。上午为超市批发业务高峰期，主要是客户通过电话订货，下午则零售业务居多。晚上七点过后生意相对清淡，姐妹四人及 M 的儿子 R 会玩牌直至打烊。

除日常经营活动外，还时常有亲朋好友来超市闲聊。

家庭

家庭成员包括 M 和丈夫 F、大儿子 R 及小儿子 B。对话主题包括 M 与 F 谈及生活、朋友及超市经营，M 询问 R 和 B 的工作、学习情况等。

茶馆

茶馆是 R 和朋友 Z 每年寒暑假回家与好友 T、J 的聚会场所。四位年龄相仿（25~30 间）的朋友间交谈是除超市和家庭外，本研究语料的重要组成部分之一，话题主要涉及购物、时尚、工作、旅游等等。

发廊和商场

发廊和商场属于商业场所，该类特定场景中的会话由顾客与服务人员间交谈构成。具体来说，前者主要包括 T 和 R 与发型师 H 及发廊服务员间的闲聊，后者则是 T 和 R 购物时与营业员的交流，主题包括化妆品和时装。

影楼

影楼的语料是研究者委托摄影师朋友 P 代为录制，转写后发现该场所的会话主要是 P 与两位女助手间的会话，内容多为三人谈论影楼的生活和工作。

菜市

菜市的录音工作主要委托研究者母亲 M 完成，语料涉及 M 与熟人的交谈及与菜场小贩间的讨价还价等。

• 4.2.4 语料转写规则及实例

本研究的语料转写[②]基本遵循杰斐逊（1984）所创立的"窄式转写（narrow transcription）"规则（转写符号注释见附录Ⅱ），针对本文研究对象，又接受陆萍、李知沅和陶红印（2014）几位学者关于汉语语气词转写的建议，最终确定了"窄式+中式转写方案"，力求既能最大程度上忠实于汉语口语会话原貌，又有利于语料库使用过程中的自动检索和后续研究。

杰斐逊（Jefferson，1984）提倡会话分析应采用"窄式转写"手段详细记录会话中的非文字信息，他认为对这些信息的分析正是会话分析的精髓和命脉所在。凯撒宁（Keisanen，2003：254）也持类似观点："在连续上下文中，语言中一切语言或者副语言特征（如停顿、韵律、重叠和发笑等），或相关语言结构均可成为语言研究的线索"。譬如，用双括号"(( ))"中文字来说明会话参与者的手势、身势、面部表情、对话时的位置、距离及其他语境信息，使用"你::"中的冒号表示音长拖长，而"*我不知道*"体现说话者是语中带笑的。

另据陆萍等人的建议，本文在对句末语气词"哦"进行转写时，遵循中式转写规则，即声韵母相同或相近时，选择其中一个比较常用的字形代表一系列的成分。因此对于前人研究中提到的"噢"(Wu, 2004)和"喔"(李启群，2006)，本文都统一转写为"哦"，这样做能为对比研究提供便利。由于句中语气词"呔"为吉首方言独有，则遵循李启群（2002）的转写形式。在调值标注层面，本文同样采取陆萍等人的做法，用数字1、2、3、4分别代表平、升、曲、降四种调型⑥，不标数字则代表轻声，放在汉字右上方。下例(16)为本研究的语料转写实例：

例(16) ［超市］
((M向R和A1抱怨丈夫的不体贴))
1M:　　((问R)) 白天你爸到屋里头搞什蒙哒？
　　　　你爸爸白天都在家做些什么呢？

2:　　　(1.0)

3R:　　到屋里搞饭啊、睡觉啊、修摩托啊。
　　　　在家做饭啊、睡觉啊、修摩托车啊。

4:　　　(3.0)

5M:　　他一天困饱了，<u>早早条起了</u>，你这些人就困不着了。
　　　　他白天在家休息够了，(第二天) 一大早就起床了，(然后吵得) 我就睡不着了。

6:　　　(1.0)((转向A1))

7:　　　我们得几个钟头困啦？你看，回去洗澡了都<u>11点钟了</u>，12点来了。
　　　　我们每天的睡眠时间能有几小时啊？你看，(我) 回到家洗完澡都11点多快12点了。

8A1:　→ 我呔²:洗个澡都12点钟了。
　　　　我啊，回家洗完澡就12点了。

9M:　　他阿有两条雀儿，一边一条，"哇::哇::哇::"，<u>才烦咯</u>。
　　　　他((指丈夫))还养了两只宠物鸟，一间房挂一只，(每天早上) 哇哇

　　　　　　　大叫，烦死人啦。

10A1：　　((笑))你把它甩出去！((笑))你喊他莫挂到那里唻。

　　　　　　　你把鸟扔出去！你让他别挂在房间里呀。

11：　　　　(2.0)

12M：　→ 他哪里理你那蒙多哦²。

　　　　　　　他才不会管我呢。

　　由上例(16)可见，语料转写工作最大限度地还原了会话发生时的真实情境，它保证了研究者能从多个视角对会话语料进行观察和分析，如会话参与者对词汇、语音和句法结构上的选择、副语言特征、语境信息等等，这为本研究的顺利展开奠定了坚实基础。同时，如此精细的转写文本也能让读者接触到与研究者一致的语料信息，从而帮助他们对研究所获结论做出判断，这实际上也加强研究结论的客观性和准确性。

4.3　小结

　　本章首先指出了前人在汉语语气词研究中存在的一些问题，随后从会话分析的基本方法、语料准备和转体体系三个方面为本文的汉语语气词研究搭建操作平台，具体表现为：(1) 研究采用会话分析方法，利用除研究者语感和直觉之外的"下一话轮证明程序"客观手段来证实分析和结论；(2) 研究语料全部来自研究者对自然口语交际中的言谈录音，并运用 ELAN 软件建成小型语料库，保证语料的真实性、自然性和覆盖面；(3) 语料转写体系采用窄式与中式结合方式，力求既能最大程度上忠实于汉语口语会话原貌，又有利于语料库使用过程中的自动检索和后续研究。

● 注释：

⑳ 会话分析是哈维·萨克斯、以马内利·谢格洛夫和盖尔·杰斐逊（Harvey Sacks, Emanuel Schegloff & Gail Jefferson）在 20 世纪 60 年代创立的"一种研究社会交际的定性的、经验的、归纳式的研究方法。其主要目的是识别、描写、解释交际者用来完成社会行为的有序且重复出现的方式

方法或会话常规"（Margutti et al., 2018: 53）。他们在创立会话分析的过程中主要受到了社会学家欧文·戈夫曼（Erving Goffman, 1959, 1967）和哈罗德·加芬克尔（Harold Garfinkel, 1967）的影响；他们的学术思想深刻影响，甚至决定了会话分析研究的基本特质，即研究者以客观观察者身份发掘分析交际者在言谈应对过程中展现给彼此的交际模式以及交际者所执行的社会行为与其背后的社会规矩（social normativity）之间的映射关系（reflexive relation）（1974）。会话分析研究的三个支柱概念为社会行为、序列组织、话轮设计。会话分析与诸多学科有着紧密的联系，厘清会话分析与这些学科的关系对于会话分析的健康发展有着至关重要的作用和意义（吴亚欣、于国栋，2017）。

知识论（Epistemics）是美国加利福尼亚州大学洛杉矶分校的约翰·赫里蒂奇（John Heritage）教授在继承前人相关思想的基础上（Terasaki, 1976; Goodwin, 1979; Labov & Fanshel, 1977; Pomerantz, 1980; Kamio, 1997）提出的会话分析研究理论，该理论是会话分析领域近年来的重大理论突破。Heritage 知识论的主要内容包括：知识状态（Epistemic Status）如何通过知识表达（Epistemic Stance）在交际者的话轮构建中得以体现；知识状态和知识表达之间的动态关系等。知识状态是交际者和研究者理解话轮构建成分、执行社会行为的基础。知识表达是交际者通过话轮设计而展示出来的自己对于某一知识域所拥有的相对知识的言语表现。对于特定的知识域，交际者在知识梯度（Epistemic Gradient）上处于不同的位置，从而区分为掌握知识多的交际者（More Knowledgeable 或 K+）和掌握知识少的（Less Knowledgeable 或 K-）交际者。这种相对的知识位置就是 Heritage 提出的知识状态。"知道"（Knowing）和"不知道"（Unknowing）指绝对的知识优势（Absolute Epistemic Advantage）；K+/K- 指交际者之间相对的知识优势（Relative Epistemic Advantage）。成功的交际就是交际者一方面保持话语间的知识表达和知识状态的连贯（与自己的连贯），另一方面维持知识状态的表述与接受者认知状态的一致（与他人的一致）。

本研究的对象为汉语语气词在自然口语交际中实施的言语行为，切入点为执行不同言语行为的语言及副语言手段、交际者对不同言语行为的识别手段以及做出的不同回应，挖掘汉语语气词意义、语法结构、话语功能与言语行为间的关系，进一步发现不同言语行为如何借助汉语语气词来实现。

（一）言语行为的执行

在我们的言语交际中，说话事实上就是在做事。交际者在确定了意欲执行的社会行为后，就要考虑如何利用语言资源来构建话轮，并且考虑如何利用其他副语言、非语言手段来协助表达所选用的语言资源，也就是说交际者需要从多个角度设计自己的话轮，来执行具体的言语行为。如英语中能够执行"给予"（offering）这一言语行为的句法结构包括条件从句"If you would...then I will..."、陈述句"I'll do X"，以及疑问句"Do you want me to..."等。会话分析研究发现：如果谈话的目的是给予对方帮助，那么交际者就会使用条件从句来执行"给予"这一言语行为，从序列位置看，这样的表达出现在谈话或话题的开始阶段；如果在交流的过程中，某一交际者提及自己面对的某种困难，这时交际对方如果要提供帮助的话，通常会选择陈述句，从序列位置看，这样的"给予"一般紧接着出现在交际对方表述困难的话轮之后；如果某一交际者在交流过程中，从交际对方先前的话轮中推导出交际对方可能会需要某种帮助，那么他可以通过疑问句来给予帮助，从序列位置看，在这种情况下，交际者给予帮助的话轮与交际对方表露困难的话轮之间存在有多个话轮，甚至多个话题。这些就是会话分析研究对英语中"给予"这一言语行为的新发现，而这种研究视角已经超出了传统语言学和语用学的研究范畴。在汉语的自然语言交际中，交际者同样也可以利用多种汉语语法结构，比如陈述句"我 + 动词"、疑问句"要不要我 + 动词"、条件句"如果你 + 动词，我（就）+ 动词"等结构来执行"给予"这一言语行为。那么在诸多的语法结构和语言资源中，交际者究竟会利用哪种具体的语言资源执行言语行为呢？是什么社会因素决定了交际者选择不同的语言资源执行同一种言语行为？本研究将通过对大量真实发生的自然会话的观察和分析，总结出交际者在执行不同言语行为时做出的语言选择的规律和模式，即发现交际者在执行不同言语行为时所使用的会话常规（conversational practice）。

（二）言语行为的识别

会话分析研究方法与其他内省式研究方法不同，它不是立足于研究者的角度分析语料，而是从交际参与者的视角来审视语料，这样就避免了研究结论的主观和武断，使研究发现客观和真实。比如，当分析"Why don't you come to see me sometimes"这句话执行的言语行为时，并不是从研究者角度断然判断它执行了比如"邀请"这一行为，而是回到具体的会话序列中，从交际者间的相互回应来决定这一语言表达式究竟执行什么言语行为，如：

例(5)

1 Ann：Why don't you come to see me
　　　　［sometimes
2 Bar：［I would like to
3 Ann：I would like you to

例(6)

1 Ann：Why don't you come to see me
　　　　［sometimes
2 Bar：［I would like to
3 Ann：Yes，but why don´t you

在例(5)中，从 Bar 的回应可以看出，Bar 把 Ann 的言语行为理解为"邀请"，而且这一理解在第 3 话轮得到了 Ann 的确认。而在例(6)中，Bar 把 Ann 的言语行为依然理解为"邀请"，但是 Ann 在第 3 话轮通过部分重复自己先前的话语，来告知 Bar 自己在第一话轮执行的言语行为并不是"邀请"，而是"责问"。由此可见，言语行为不是言语孤岛，相反，言语行为存在于相邻的话轮内，正是这些话轮构成了会话分析研究的序列组织（sequence organization）。就本研究而言，我们不仅要研究交际者执行某一特定言语行为的话轮设计，而且要探究交际对方对该言语行为的理解程度、接纳与否，以及随后做出的言语回应，这就是会话分析的序列组织研究。交际者在自己的话轮内究竟执行了哪种社会行为，不是由任一交际者单方主观断定的，而是被交际双方共同认可的。交际双方一旦就某个言语行为的属性不能达成一致，交际的进展就被搁置，交际双方就会通过话语修正来解决已经发现的问题。言谈应对的顺利进行在一定程度上取决于交际双方对已执行行为属性的确定和认可，这是交际者之间取得互解（Intersubjectivity）的前提和保证，而这一前提和保证就是在言谈应对的序列组织内实现的。比如先前所述的"邀请"这一言语行为，邀请一旦被执行被邀请方就得给予回应，无论是接受还是拒绝。但是不同的回应会引发不同的序列组织。会话分析研究的序列组织展示了交际的互动过程，能够客观地探讨言语行为在序列组织中如何被交际者执行、识别及确认或否认的过程，最终揭示执行不同言语行为的序列组织模式及其背后的社会因素。

（三）言语行为的回应

本研究除关注言语行为本身，还要关注对言语行为的回应。无论什么言语行为，从社会角度看，都有为言语行为执行者乐意接受和不乐意接受的回应方式。用会话分析的术语来讲，言语行为执行者乐意接受的回应被称为优先的（preferred）回应，而不乐意接受的回应被称为非优先的

（dispreferred）回应。比如，针对"邀请"，"接受"是优先的回应，而"拒绝"是非优先的回应；针对"评价"，"赞成"是优先的回应，"不赞成"是非优先的回应。优先结构是言谈应对的社会属性和社会规律在语言层面和会话结构方面的体现，而不是交际者心理诉求的体现。比如在英美文化中，交际者对于"邀请"的回应，如果是接受，交际者的言语在语言结构上就会体现出优先结构的特征，如接受者的话语与邀请者的话语之间不会出现话轮间沉默，甚至可能出现重叠话语，回应话语往往结构简单等，这些都是优先结构的具体体现。相反，如果交际者要拒绝对方的邀请，那么他的话轮通常会出现话轮间沉默、话轮延迟、表示感激、给出解释等非优先结构特征。面对一个具体的言语行为，交际者可以做出多种回应，而这些可能的回应在优先结构方面的地位是不同的。我们关注的是：在中国文化中，交际者在做出优先或非优先回应时在语言选择或会话结构方面有哪些规律和特征。从标记理论的角度看，优先结构属于无标记用法，而非优先结构则属于有标记用法，从社会角度来看，这些有标记和无标记用法的社会意义是什么，它们背后又隐藏着什么样的社会规约。

（四）语法结构与言语行为

基于以上所述，我们可以总结出执行不同言语行为的语言手段，这些语言手段有些表现在词汇层面，有些表现在句法层面。其中一些语言手段与特定的言语行为已经形成了稳定的对应关系，比如疑问句表示请求，如"能把盐递给我吗？"这个疑问句执行了"请求"行为，而不是"提问"行为，已经内化为交际者的交际能力的一部分，这其实就是言语行为在语言层面的语法化过程。所以，我们有必要探讨表达同一言语行为的不同语言手段哪些是不依赖语境的，哪些是依赖语境的。不依赖语境就能执行某一言语行为的语言手段就可被纳入汉语语法，需要特定语境因素才能执行某一言语行为的语言手段则被纳入语用范畴。这样，一方面探讨汉语语法中语言形式与功能间的关系，另一方面深入挖掘构成具体言语行为所需的语义条件。

（五）会话分析研究意义

"言语行为隶属于社会行为，其构成、运行及效果均受社会因素的制约。执行同一种言语行为，如请求，具有不同身份的人在发出这一行为意图时所使用的言语表述不应是一样的。忽视这种差异背后的社会根源不能不说是一种理论上的简化和不足"。过去对言语行为的研究多集中在语言哲学领域和语用学领域，国内外从会话分析角度对言语行为的研究还不多，运用会话分析研究方法对执行言语行为的语言手段、言语行为的识别及回应的研究将弥补传统言语行为理论的不足之处，拓宽和细化对言语行为构成条件和制约条件的研究。话轮、话轮设计、话轮分配等是传统会话分析研究的重心，但这只是会话分析研究图景的一半内容，另一半内容则是有关行为，也就是探究交际参与者在会话中通过各自的话轮相互在做什么。对建构社会行为的语言资源、通过互动及序列对社会行为进行调控的方式和手段，以及对社会行为的识别的关注将是会话分析研究未来的走向。尤其是通过以汉语为语料的研究，可以发现与英语语料不同的语言使用规律和社会文化约束条件，也同时为以后在言语行为层面的语言和文化对比研究打下基础。

㉒ 本研究未使用全部录音语料的原因主要在于："发廊"和"影楼"两个场所的录音时长均在 10 小时左右，为了便于对不同场景中语气词分布情况进行对比分析，故研究语料依照最短录音时长来截取。其次，受制于研究者的时间和精力，暂时无法对所有语料进行转写。

㉓ Elan 是一个跨平台的多媒体转写标注软件，由荷兰内梅亨马普心理语言学研究所开发。研究者可登录 Elan 的官方网站 http://www.lat-mpi.eu/tools/ELAN/ 免费下载。有关该软件的操作方法可参见李斌（2013）的博士学位论文《基于自建语料库的湖南双峰语气词研究》。

㉔ 语料录制主要由研究者本人完成，但为获得更丰富的素材，研究者同时委托父母及朋友进行录音。语

料录制不强调内容,只重视语料为自然会话。录音所使用的录音笔均置于隐蔽位置,因此整个录音过程会话参与者完全不知情,这样保证了会话在自然、真实的状态下进行。研究者在录音完成后将情况如实告知,且语料使用已获得会话参与者的同意。

㉕ 除 7 个固定的录音场所外,研究者还随机采集了诸如外出办事、乘坐公车偶遇好友等临时场所中的会话语料合计约 2 小时,该部分语料将在具体分析中另做说明。

㉖ 会话参与者均为吉首本地人,年龄跨度从 25 岁到 84 岁。

㉗ 由于部分会话参与者,如 R(研究者本人),M(研究者母亲),T(研究者女性朋友)出现在多个场合,因此被重复计算,其中 R 出现于 4 个场所,M 和 T 均为 3 个。排除重复计算后,本研究的实际参与人数应为 131 人。

㉘ 语料所涉主要人物编码及更多信息见附录 I。

㉙ 语料转写全部由研究者本人完成,同时邀请一位汉语言文学方言专业博士生(吉首本地人)协助校对。校对时间跨度不长,因此校对的一致性能够得到保证。

㉚ 本文并不否认汉语语气词在调值上存在更微妙的差异,但调值并非本文的研究重点,且调值上的细微差别并不影响会话参与者对说话者所言之意的理解。陆萍、李知沅和陶红印(2014:120)也认为,在实际交谈中,说话者不可能按照字典上所描述的调型去发音,一些轻微的调型变化,是不容易被察觉的。即使受过专业的语音训练,想要通过耳朵来辨别这些细微的发音差异,也是很困难的,除非借助语音分析软件的帮助。因此对于本研究来说,完全可以采用陆萍等人的调值标注建议。

第5章 负面情感立场标记：句中语气词"哒"

5.0 引言

吉首方言地处湘语和西南官话的交界地带，同时呈现湘语和西南官话的某些特点。从语音层面看，古全浊声母今读塞音和塞擦音时，平声读不送气浊音，具有湘语的某些特征；但是它没有入声，古入声字读为阳平，四声的调值与西南官话的常见调值相近，又具有西南官话的某些特征。从词汇语法看，吉首方言有着丰富的儿化词和重叠形式及西南官话常见的句法成分和特征，这又表明吉首方言近西南官话而远湘语。另外，吉首全市少数民族占总人口的70%以上，汉、土家、苗族长期接触，语言必然互相影响，形成了吉首方言的鲜明特色。

"哒（dai）[①]"是吉首方言中一个典型语气词，它功能多样，运用频繁且独特。前人研究（李启群，2002；许维维，2006；杨俊芳，2008等）均从构词法的角度展开，认为"哒"是构成动词重叠式"V哒V"和形容词重叠式"A哒A"的中缀。其中，前者处于句子谓语位置，如例（17）和例（18），后者则可充当句子的谓语或补语，如例（19）和例（20）。他们同时指出，"哒"的嵌入增添了说话者的主观感受和情绪，比起"VV式"和"AA式"，"V哒V"和"A哒A"的语气更为夸张，所表程度更深。［下例（17）~（20）转引自李启群，2002：250-258］

例（17）我脑壳晕哒晕。
　　　　我头晕得厉害。

例(18) 壶里的水开哒开。

　　　　壶里的水不停地沸腾。

例(19) 那条坡高哒高,爬死个人。

　　　　那座山高得不得了,爬起来很累人。

例(20) 他做事过细哒过细。

　　　　他做事极仔细。

我们对自建吉首方言口语语料库㉗进行检索后发现,作为形容词或动词重叠式中缀的"哒"出现54次,仅占总数的2%,而98%的"哒"充当句中语气词,这表明"哒"作为句中语气词,在日常交际中扮演着更为重要的角色。如下例(21)中 M㉘和 R 的电话交谈:

例(21)［家庭］

((M、R 谈论火车晚点))

1M: → 哎哟,才到怀化（湖南城市名）啊。我哒²:还以为你早到了。

　　　　哎呀,(你) 才到怀化啊。我还以为你早都到（家）了。

2R:　　哪里成哦²,才到怀化。

　　　　还远远没到呢,

3M:　　哎哟,那你下次别再坐火车了㉙。

如上例(21)所示,"哒"出现在话轮1中,传递出 M 对于"火车晚点"的抱怨情绪（话轮3中,句首语气词"哎哟"和 M 建议 R 下次别坐火车证实了这一点）。

鉴于前人对句中"哒"关注不够,本研究基于70小时约30万字的自建口语语料库,从定量和定性角度对句中语气词"哒"展开探讨,具体内容如下:第一节从句中"哒"的句法位置、句子功能及韵律特征三个维度归纳其核心句法功能及基本语法意义;第二节对句中"哒"在7个不同场景及话语序列位置中的分布情况做出定量统计;第三节对句中"哒"的立场标示功能及其扩展做出定性分析。第四节为研究总结。

5.1 句中"哒"的核心句法功能及基本语法意义

对句中"哒"这样一个使用频率很高、功能复杂而其语法意义尚未明了的虚词，其话语功能的分析应基于对其核心句法功能及基本语法意义的辨析、归纳。于此，本节从句法位置、句子功能和韵律特征三个维度展开。

• 5.1.1 句法位置

从句法上看，句中"哒"主要出现在以下三个位置：体词主语与谓语之间［如例(22) a、b］、句首状语之后，如例(22) c、d，前置宾语之后，如下例(22) e、f。总体上看，句中"哒"是充当划分句子"主位—述位"的结构标志。

例(22)

a. 我哒一样没得。

　我一无所获。

b. 他孙都好大了，你哒都还没有。

　他孙子都很大了，你连孙子都还没有。

c. 这个时候哒^{2}楼房还几丛几丛，这里一丛，那里一丛。

　这个时候楼房一栋一栋，这里一栋，那里一栋。

d. 那天来哒^2: 我还要他们脱鞋啊？

　那天（他们）来，我（难道）还会要求他们脱鞋（进门）啊？

e. 肉哒我得几颗儿吃。

　肉啊我得几小块吃。

f. 暗号_暗号哒没看到。

　暗号_暗号没看到。

• 5.1.2 句子功能

句中"哒"主要分布于陈述句中，如下例(23) a、b。

例(23)

a. 他哒问我，这水会洗冷没？

他问我，这水（洗澡）会（越）洗（越）冷吗？

b. 电视呔他都没蛮看。

电视他都不太爱看。

句中"呔"还可用于直接抒发情感的感叹句，且多出现在应答话轮中，对前一说话者所述情况进行评价，如下例(23) c。

例 (17) c

A1：那他屋生意莫不好啊？

那他家生意难道不好吗？

M：哟::人家好多都是直接给超市送货，他呔²:::

别家很多时候都是直接给（大）超市供货，他家生意不算好。

就目前所收集的语料来看，句中"呔"完全排斥疑问句和祈使句。

5.1.3 韵律特征

句中"呔"的韵律表现形式主要为2调或轻声急促，如下例(24)及图5-1和图5-2。

例(24)

a. 这个时候呔² 楼房还几丛几丛，这里一丛，那里一丛。

这个时候到处都是高楼大厦，这里一栋，那里一栋。

b. 肉呔我得几颗儿吃。

肉我只吃了几小块。

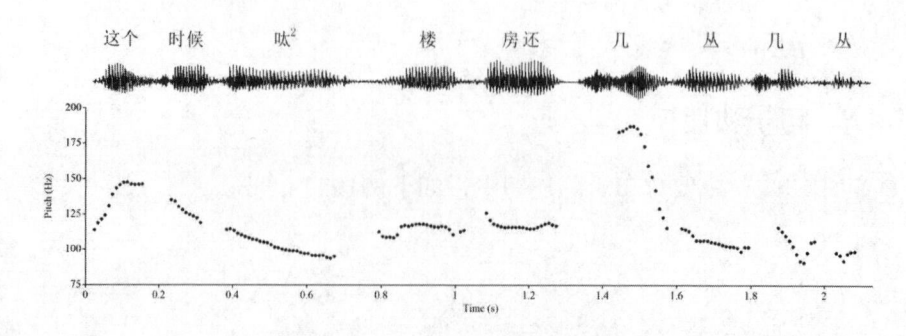

图 5-1 句中"呔²"的韵律表现

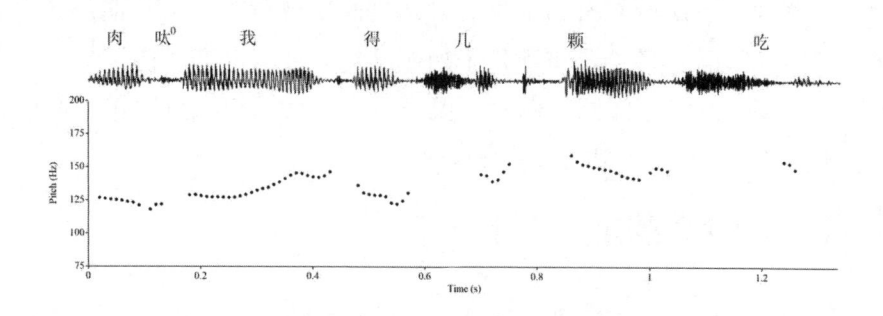

图 5-2　句中"哒⁰"的韵律表现

"哒"后语段所表达之意有时可通过语境推测出来而不需要说话者说出，此时的"哒"韵律为 2 调重读且音长拖长，如下例(25) 和图 5-3⑤。

例(25)

a. R：我等下出去吃酸辣粉。
　M：人家饭都帮你煮了，你哒²::
　　　我都帮你把饭煮好了，你（却不吃）。

b. R：你看我都有黑眼圈。
　T：我还要更黑些，我哒²::
　　　我（黑眼圈）还要更黑些，我（黑眼圈太重了）。

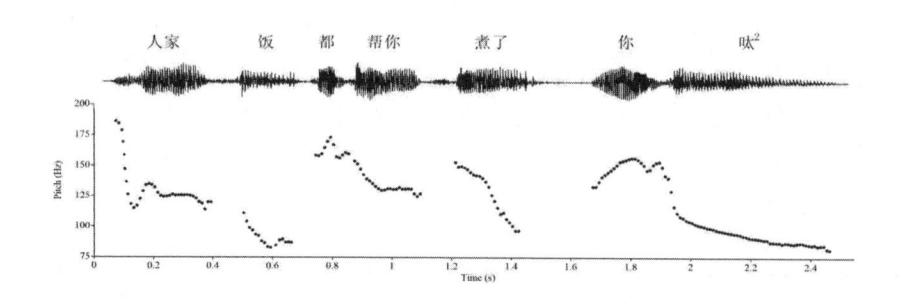

图 5-3　句中"哒²::"的韵律表现

综上所述，本节认为句中语气词"哒"的核心句法功能是充当划分句子"主位—述位"的结构标志，即"哒"的左边为句子的"主题"，后边则为

"述题"。其基本语法意义可归纳为：句中"哒"可位于主语与谓语间、句首状语及前置宾语之后；分布受句子功能制约：一般分布于陈述句中，也可出现在直接抒发情感的感叹句中，但完全排斥疑问句和祈使句；韵律特征为2调或轻声急促、2调重读且音长拖长。

5.2 句中"哒"的定量统计分析

• 5.2.1 句中"哒"在不同场景中的出现频率

表 5-1 显示，句中"哒"在 7 个不同场景中的分布呈现显著差异，出现频率最高达到 1080 次，最少仅为 12 次。具体而言，除"超市"（52∶1）和"家庭"（57∶1）两个高频率出现场景外，句中"哒"在其余五个场景中出现频率明显偏低。"超市"会话语料主要由 M、A1、A2、A3 四位亲姐妹间会话构成，"家庭"会话语料则由 M、F、R 三位家庭成员间的会话构成，这表明句中"哒"更倾向于在社会关系更为亲密的交际者之间使用。

表 5-1 句中"哒"在不同场景中的出现频率

场景	数量	出现频率
超市	1080	55924[⑥]∶1080 ≈ 52∶1
家庭	771	44328∶771 ≈ 57∶1
菜市	160	36554∶160 ≈ 228∶1
商场	90	36023∶90 ≈ 400∶1
影楼	23	42066∶23 ≈ 1829∶1
茶馆	18	42460∶18 ≈ 2359∶1
发廊	12	39088∶12 ≈ 3257∶1
其他[⑦]	13	2241∶13 ≈ 172∶1
合计	2167	298684∶2167 ≈ 137∶1

• 5.2.2 句中"哒"在不同话语序列位置中的出现频率

"话语序列位置（sequential positioning）"是指话轮交替过程中（turn-taking），两个或两个以上制约性相关（conditional relevance）话轮组成的相邻对中，前后话轮所处的位置。不少学者已经揭示了话语序列位置与语气词意义、功能实现的互动关系（Schegloff, 1982; Couper-Kuhlen, 1996; Goodwin, 2000; Wu, 2004 等）。表 5-2 中，相较于应答话轮，处于自发话轮位置的句中的"哒"出现的频率更高，它与应答话轮位置之比约为 1.6：1。话语序列位置不同，"哒"的出现频率不同，可见句中"哒"与其所处的话语序列位置间同样存在一定互动关系。

表 5-2　句中"哒"在不同话语序列位置中的出现频率

话语序列位置	"哒"数量及比例
自发话轮	1347
应答话轮	820
合计	2167（1347：820 ≈ 1.6：1）

5.3 句中"哒"：负面情感立场标记

前人研究（李启群，2002；许维维，2006；杨俊芳，2008 等）指出，句中"哒"带有说话者的主观感受和情绪，它让整个句子的语气更为夸张，所表程度更深。对此我们并不否认，但问题在于：句中"哒"究竟带有说话者何种主观感受和情绪？或者说句中"哒"在口语交际中具有何种功能？本节将运用会话分析方法，分别对自发和应答话轮位置上，句中"哒"的立场标示功能及其扩展做出详细描述和解释。

- ### 5.3.1 自发话轮位置

自发话轮位置句中"哒"通常出现在焦点信息传递话轮中，标示说话者对所述事物的抱怨和责备情绪。如下例（26）：

例（26）［家庭］
((M 向 F 抱怨，代理商寄销商品被 A1 家人吃光))

1M： → 一件哒，哟哎，A2 说，还没反应过来，没有了。A1 啦，她屋那些亲戚一来，就喊他们吃。

一件（饮料）啊，哎哟，据 A2 说，还没（等大家）反应过来，A1 家那些亲戚一来，（A1）就招呼他们喝（饮料）。

2F： A1 喊，［> 快吃快吃 <。

3M:　　　　　　　［嗯。这些吃多了不好。他们说都含有福尔马林，还有那些色素。

4F:　　　　　　　嗯，有点，多少有点。

5M:　　　　　　　晓得曼，吃那些吃多了不好啊。

上例(26)中，"呔"在话轮 1 中传递出会话焦点信息——整整一件寄销商品都被 A1 家人喝光，并将其所携带的"抱怨和责备"意味贯穿整个会话。话轮 1 中，M 用"那些"来指代 A1 家人，明显带有不满情绪。方梅（2002）的研究显示，指示语"那"体现了说话者所述事物在其内心世界中的距离较远，用来表示说话者的不悦。"呔"话轮同时还引发 F 对 A1"自私行为"的评价：F 通过快速转述 A1 话语"快吃快吃"形象地描摹出 A1 让家人喝免费饮料的急切样态，暗含对此种行为的抱怨情绪。另外，在话轮 4 和 5 中，M 和 F 认为 A1 的行为不仅自私，且有害健康。可见，一方面说话者的负面情绪是随着会话的推进，通过语气词"呔"、说话者词汇选择及语言表达方式间的交互而展现出来；另一方面，"呔"话轮又奠定了后续会话的负面交际语境⑧。

语料中还存在少数说话者使用"呔"话轮对受话者当面进行抱怨和责备的案例，此类会话多发生在家庭成员间⑨。如下例(27)：

例(27)［超市］
((M 数落 R))

1M:　→　你呔穿起那鞋子回来，这么热。
　　　　　你穿着那（高帮）鞋子回家，天气这么热。

2R:　　　哎呀，穿什么鞋子？你晓得什么？
　　　　　哎呀，（我）穿了什么鞋子呀？你懂什么？

3M:　　　穿那条高筒皮鞋，那么多钱都不晓得买双鞋子，穿那条。
　　　　　穿那高帮皮鞋，挣了钱都不知道买双（凉）鞋，还穿那（高帮皮鞋）。

上例(27)中，M 用"呔"话轮直接责备 R 夏天穿着高帮皮鞋，而 R 则通过重读话轮发端语"哎呀"和两个连续反问句的方式予以回应，表现出极度不耐烦的情绪。显然，R 的应答表明他感受到 M 的指责意味。

第5章 负面情感立场标记：句中语气词"哒"

到目前为止，本研究虽已表明"哒"话轮能够传递出说话者抱怨和责备的情绪，并在一定程度上证实了句中"哒"本身就是一个负面情感立场标记，但仍未完全解决前人研究（Lin, 2014；Chu, 2002 等）中存在的"复合问题（compounding issue）"，即语气词的功能究竟是来其自身还是它所依附的话语？谢格洛夫（Schegloff, 1996: 192-199）认为要回答"复合问题"，不仅要深入分析语气词出席的语料，同时也需从"语气词缺席④（nonoccurrence）"中寻求有力证据。接下来，本研究通过语气词"缺席"与"出席"时立场标示的不同来证明其在情感标示中的核心作用。来看以下各例：

例（28）［家庭］
((M 向 F 抱怨邻居 Z 及儿子 SY))

1M: → 她((Z))哒²:羊拉屎,半天都熏不好。她那条哒²:要熏到什么时候去了。
　　　她呀,（像）羊拉屎一样（慢）,长时间都熏不好（腊肉）。（像）她那样,要熏到何年何月去。

2F:　 SY 有时候发脾气又不跟她搞了的。
　　　SY 有时候生气了就不帮她熏了。

3M: → 发什么脾气？有什么发脾气的唉？自家的娘（4.5）。那有什么发脾气的（4.5）。娘哒那么顾你。这些伢儿哒都不懂事，<u>一点都不懂事</u>。
　　　为什么生气？有什么好生气的呢？跟自己的妈妈有什么好生气的（4.5）。妈妈那么照顾你。这些孩子都不懂事。

上例（28）中，M 首先运用两个音长拖长的 2 调"哒"，将对 Z 熏腊肉拖沓的抱怨情绪显露出来。话轮 3 中，同样作为母亲的 M 又采用语气词"哒"和重读全量否定词"一点都不"，表达对"SY 不懂事"的责备。

再来看发生在上例（28）仅仅数分钟后的下例（29）：

例（29）［菜市］
((M 和 F 菜市巧遇 Z，并聊及熏腊肉话题。))

1M: → 你喊他帮忙唉。你熏的有颗儿慢,我怕我搞不彻了。④

	你让他（（Z的儿子））帮忙呀。你熏（腊肉）有点慢，我怕时间不够了。
2Z：	好，我快颗儿搞，等你好熏。（（Z继续数落SY））
	我快点弄，让你也熏（腊肉）。
3M：	我讲SY也还好啦！
	我觉得SY还是不错啦！
4Z：→	你不要他做事，他好哒好，乖哒乖。
	你若不要求他做事，他可以说是非常懂事。
5M：	（（笑））人家讲，老老的只会给你吃，莫会要你的啊？你屋SY唵：你慢慢教他。
	别人都说，老人只会给年轻人吃喝，难道还会向年轻人索取？你家SY呢，你慢慢调教。

上例(29)的会话内容与上例(28)如出一辙，只是整个会话抱怨或责备的意味因M话语中语气词"哒"的缺席而大大减弱。具体而言，例(29)中的"你熏的有颗儿慢，我怕我搞不彻了"和例(28)中的"她哒：羊拉屎，半天都熏不好。她那条哒：要熏到什么时候去了"及例(29)中的"人家讲，老老的只会给你吃，莫会要你的啊？你屋SY唵：你慢慢教他"与例(28)中"娘哒那么顾你，这些伢儿哒都不懂事，一点都不懂事"形成鲜明对照。相较于例(28)中社会关系亲密的"家庭会话"语境，例(29)社会关系相对较远的"邻里交谈"中，M为追求人际和谐，避免负面评价可能引发的尴尬而选用非"哒"话轮，以一种委婉的方式对受话者Z进行提醒和建议。

本研究还发现，即使是语气词"出席"的情况下，有时仍能找到其独立作为情感立场标志的充分证据。来看下例(30)：

例(30)［超市］
（（M、A2、A3及CJ聊及CQ给PH买帽子，PH是CJ的儿子））

1A2：	这像乡里伢儿了。
	这（帽子戴起来）像个乡下小孩儿。
2M：	小伢儿不管。
	小孩子无所谓。
3A2：→	她（（CQ））哒好，她帮你伢儿买帽子啦。

	她还算好,她给你儿子买帽子。
4A3:	CJ 经常到她那里买东西哒,到她手上买东西哒。=
5M:	= 她((指 CJ))照顾她生意哒。
6A3:	这伢儿((CJ))得个什么都要走到她哪儿去买,你不跟她买,她不得想到你。不过她也算可以,你得个帽子戴((笑))。
	这孩子所有的婴儿用品都去她店子买。你不去她哪儿买东西,她也不会想到给你买。
7A2:	就是讲咯,帮你买帽子。
	就是说嘛,给你买了帽子。

上例(30)中的"她哒好"是由"哒+好"组合而成。"哒"是说话者负面情感立场标记,而形容词"好"通常情况下是表达言者的正面评价,这两个词的结合理应传递出说话者对所述事物"既好又不好"的混合型评价。换言之,如果能在会话中找到说话者对所述事物确实有正反两面的评价,也就能为语气词"哒"作为一个独立的情感立场标志提供有力佐证。首先来看话轮 1,A2 表示"CQ 所买的帽子戴着如同乡下小孩儿",意图说明"这顶帽子款式很落伍",带有一定的负面评价意味①。M 随即指出"小孩儿对款式要求不高",并由此引发 A2 的回应"她哒好,她还知道给你小孩儿买帽子",言外之意是"她为人处世一般,且帽子的款式也一般,但她总归是买了,这一点还是做得不错"。A3 的话轮 4 和 6 也证实了 A2 的说法:她认为是 CJ 常去照顾生意,CQ 才给 PH 买帽子,实际上存在一种"利益交换",而非 CQ 真实意愿。不过 CQ 买帽子的做法还是值得赞许。最后,A2 在结束话轮 7 中使用强化性的应答话语标记"就是讲咯(就是说嘛)",表现其心悦诚服的认同 A3 话语(屈承熹,2006:78;姚双云 2012:76)。由上可以看出,"她哒好"确实体现了说话者对"她"的正反面混合型评价,其中正面评价显然来自形容词"好",而负面评价无疑由语气词"哒"引发。

5.3.2 应答话轮位置

应答话轮位置的语气词"哒"主要用于说话者在面对责备时,构建自责式应答话轮。我们对 820 个处于应答话轮位置的语气词"哒"进行统计后发现,其中有 648 例属于此种情况,约占总数的 80%。如下例(31):

例（31）[发廊]

((T 质疑美发师 H 不理睬老顾客 C10))

1T: 她喊你几声，我看你都没理她。

2H: → 我呔² 这条眼睛不认人((大笑))。其实嘛，都是熟人。
　　　　我这眼神太差了。其实呀，都是熟人。

3T: 哦³，等下给人家解释一下，要不然讲你不理人。((T 和 H 同时笑))

例（32）[茶馆]

((J、T、R 用餐闲聊))

1T: =哎呀，你搞什么啦？是酱油，你看清楚起咯。

2R: 那条 J 哦²。
　　　J 那个人啊。

3J: → 我呔都蒙了，我以为这条是醋。
　　　我犯蠢了，我还以为那是醋呢。

((J、T、Z 三人大笑))

上例（31）中，H 面对 T "不理会老顾客"的质疑，采用"我呔+犯错原因"的格式进行自嘲式的自责；上例（32）中，J 也以同样的方式回应 T 和 R 对自己将"酱油错当醋传递"的责备。值得注意的是，两例中会话参与者的"笑"实际上由说话者自嘲式的自责引发，发笑既是针对自责者所犯的荒唐错误，也旨在缓和责备行为引起的尴尬气氛（Levinson, 1983：70）。

句中"呔"还出现在说话者对会话参与者直接进行负面评价的话语当中，但受到礼貌原则的制约，直接抱怨和责备他人的言语行为并不是面对面会话交际中的常态。定量统计结果也显示，此类语气词"呔"出现 57 次，在总计 820 个应答话轮位置的"呔"中仅占 7%。来看下例（33）：

例（33）[影楼]

((影楼员工 S 因错删顾客底片遭到投诉，老板 Q 找其谈话))

1S: 我刚刚跟他解释了，他自家讲不要紧的，他电脑里头存的有。
　　　　　　他（顾客）自己说没事的，

2Q: → 你呔做事太没有准头了，人家又到我这儿投诉你了，你还怪人家。

3S: 那真的不好意思，我不小心删错的。

5.4 句中"哒"的其他相关功能

如前所述，句中"哒"是一个"负面情感立场"标记，能够独立标示说话者抱怨和责备的情感立场。我们发现在自然口语交际中，句中"哒"还具有其他相关功能，如反讽、惊奇和同情等立场标示功能，但说话者抱怨或责备情绪仍不同程度地存在。

5.4.1 标示反讽

例（34）［家庭］

((M 和 R 谈论熟人 QL))

1R: QL 讲他要辞职到外地找工作。

2M: → 他哒出去，好大的本事。

　　　他还出去（找工作），

3R: 他乱讲的。他还出去，得这个工作都是靠他老头儿。

　　　他胡说的。他还出去找工作呢，（他）现在的工作都是靠他父亲（走关系得到的）。

4M: 你喊他出去咯（（笑））。

　　　你等着他出去嘛。

例（35）［超市］

((A3 和 M 谈论 A1 处事武断))

1A3: 大姐（（M）），你看咯，A1 帮一屋事都包了。

　　　A1 把她一大家子的事全做主了。

2M: → 她哒好能干。

3A3: 嗯，有什么事她都做主了＝

4M: ＝又不和人家商量，到时候人家要怪死她。

　　　（一旦决定错误）家里人非怪她不可。

上述两例中的句中"哒"是一个标志，引导受话者准确捕捉到说话者的反讽意味。具体来说,两例中说话者的言外之意为"QL没本事""A1不能干"(M的后续话轮4也可证实其言外之意)。这些句中"呔"被去掉后句子虽然成立,但其讽刺意味被大大削弱甚至丧失。也就是说,去掉语气词"呔",受话者很可能无法领会说话者的言外之意而导致交际失败。除标示反讽情绪外,上述两例中的"呔"仍带有说话者对所述内容的抱怨和责备意味。

5.4.2 标示惊奇

例(36)［超市］

((M 和 A2 讨论 MY 被太阳光晒黑))

1M: → 昨天我到 MY 那里拿烟,MY 呔晒得黣黑的。我讲,MY 你到搞什么哦²?你到外头啊?她讲,哪里,我就坐到这儿啦。

昨天我去 MY 店子里买烟,MY 被(太阳)晒得漆黑。我说,MY 你在干吗呀?你在外面(跑生意)吗?她说,没有哇,我(每天)就待在店子里。

2A2: 我讲她那里没错太阳呔。

我还以为她店子太阳晒不到呢。

3M: 哪里哦,一脸晒得黣黑的。这条太阳啊,好毒。

才不是呢,(MY)一脸被晒得乌黑。这太阳光太强烈了。

例(37)［超市］

((GM 和 A1 评论电视剧中人物塑造不真实))

1A1: → 他屋老头儿的手还嫩冲些,他的手呔还打皱颗儿。

他爸爸的手细皮嫩肉,他的手反而布满褶皱。

2GM: 拍得假假的,不好看就莫看唻,又要看又要念。

拍得不真实就别看了,既要看又要抱怨。

上例(36)中,话轮1中的句中"呔"预示"MY 被晒得一脸黣黑"是反说话者预期的,同时传递出 M 的惊奇情感立场。M 的后续转述话语证实了这一点:除非 MY 在外跑业务,否则她店面不可能被阳光照射。随后 A2 的话轮2再次证实"MY 被太阳晒黑"出乎意料。M 的话轮3还流露出她对太阳光过于强烈的抱怨。上例(37)中的"呔"同样预示了后续内容是反预期的，它违反说话者的认知常识，即"爸爸的手细皮嫩肉，儿子的手反倒布满褶皱"，这让 A2 感到惊奇。GM 的应答话轮表明语气词"哒"又带有 A1 对"电视剧中人物塑造不真实"的抱怨。由上两例可见，语气词"哒"包含说话者对反预期事件的惊奇和些许抱怨之情，但相较于 5.4.1，此处的抱怨和责备意味有所减弱。

• 5.4.3 标示同情

例(38) [菜市]

((M 在菜市偶遇邻居 C，谈及同事 G 患绝症离世))

1M: 好像听讲 G 死了啦。他爱人讲他想调到长沙去。哟::命都搞落了命都搭进去了，不值。得这条病曼要好生休息唉，还要那些搞什么哦。伢儿明年才高中毕业考大学。

听说 G 过世啦。他爱人说他想调去长沙工作。哎，命都没了，不值得。得了这种病呀要好好休息呢，还要那些（调工作）有什么用啊。孩子明年才高中毕业考大学。

2C: → 是的啊，年纪轻轻的，伢儿年纪也小，他哒²:::

3M: 造孽。

可怜。

4C: °嗯°。

例(39) [超市]

((A1、A2、M 谈及环卫工人刮擦名车被索赔事件))

1A2: 有个环卫工人刮错一部 100 多万名车的耳朵，要赔 3 万。

有名环卫工人刮擦一辆 100 多万名车的观后镜，

2M: 那赔了曼？

那（被）索赔了吗？

3A2: → 那些环卫工人哒²::

4A1: 一个月几百块钱，莫赔得起哦²？（4.0）

                      难道

5A2: 看到那些车子曼，我远远地走了。

看到那些名车啊，我就离它们远点。

以上两例中，"哒"话轮主要体现了 C 和 A2 分别对 "G 英年早逝"和 "环卫工人被索赔"事件的同情，但仍有对 "G 不注意休息"和 "环卫工人粗心大意"导致严重后果的轻微责备掺杂其中。上例（38）中，M 认为 "G 忙于工作调动而导致病情恶化不值得，且撇下尚未成年的儿子更是令人唏嘘"，话语中责备和同情情绪似乎各半。应答"哒"话轮 2 中，C 运用肯定应答标记"是的"加上句末语气词"啊"的复合形式，首先赞同 M 的观点，并提示受话者，将有对事件或事态进一步的主观评价和看法（杨彩梅，2007；姚双云，2012）。也就是说，C 随后所言 "G 太过年轻，且儿子年纪尚小"才是其对整个事件的主要态度，因此该话轮中的"哒"主要标示了 C "同情大于责备"情感立场，而 M 的回应也证实这一点，她用"造孽"实现了与 C 的立场一致，谈话最后在 C 的轻声应答标记"嗯"中结束。上例（39）中，"哒"对所述事物的同情情绪标示则更为明显。A2 在话轮开启部分通过"环卫工人""刮擦百万名车"和"索赔 3 万"三个关键词，首先将整个会话导入对弱势群体的同情基调中。随后面对 M 提问时，A2 也没有直接作答，而是通过"哒"话轮传递对"收入微薄的环卫工人无力支付巨额赔偿"的同情。对于 M 的询问，A1 以反问句"一个月几百块钱，难道赔得起啊？"表明答案显而易见。这些都说明"环卫工人是否赔偿"并非会话焦点，焦点在于通过事件叙述表达同情。值得注意的是，在 4 秒停顿后的话轮 5 中，A2 认为"看到名车应该避而远之"，这又暗示先前"哒"话轮中仍有对环卫工人疏忽造成恶果的轻微责备。

5.5 句中"哒"的其他相关功能形成动因

句中"哒"的其他相关功能形成一方面应以"互动交际"为基础。另一方面，句中"哒"作为一个语言个案，其相关功能形成必定有其鲜明的个性特征。接下来，本节从语言结构的高频使用和语言使用者的认知心理两个层面，对句中"哒"的其他相关功能形成动因做出解释。

（1）"哒"在自然口语中的高频使用。霍伯（Hopper，1998：163）最早从语法化的角度出发，指出语言的高频使用会导致语义磨损和虚化，同时衍生出新的句法功能或语篇功能，产生所谓的"高频效应"；吴福祥（2004）对频率的研究则进一步证实，一个词、词组或者结构的高频重复使用也会使其语义和功能产生变化。定量统计结果显示，句中"哒"在约 30 万字的口语语料库中共出现 2167 次，平均出现频率为 137∶1。相对于粤语方言语气词平均频率的 150∶1（Luke，1990）和海南石山方言的 174∶1（Xiang 2011），句中"哒"有着更高的使用频率。正是"哒"在互动交际中的高频重复运用使其新功能的浮现成为可能。

（2）语言使用者的认知心理。语言使用者的认知心理是句中"哒"功能扩展的另一重要诱因。从认知心理来看，人类预期的多为美好的、理想的或与自己意愿相符的事情，一旦遇到反预期的情况，说话者理所当然会传递出不同程度的负面、消极情感。反讽和惊奇都带有说话者对所述事物超出预期的情感标示倾向，因此常用来引导消极负面的事件。从这个层面上来说，说话者会在心理上将反讽、惊奇及抱怨和责备划归于同一情绪范畴，这为它们之间的功能演变提供了心理基础。作为负面情绪标志的"哒"何以能标示正面的同情情绪，本研究认为，同样是基于说话者对所述事件的心理认知：作为负面情感立场标记，"哒"必定出现在负面交际语境中，即所述事件从客观上或说话者主观上被认为是不好的，如例（38）和例（39）中的"张文英年早逝"和"环卫工人被索赔"。依据认知心理学的观点（Solso，Maclin & Kimberly，2013），在表述诸如上述不好事件的同时，说话者会认为它们本不应该发生在某些特定对象身上，因此对此类事件的发生感觉不好，且这种不好的感觉会让说话者与特定对象之间产生共鸣，最终催生了同情情绪[⑥]。可以说，句中"哒"所标示的"抱怨和责备"情绪是说话者心理上对所述事物的一种整体的情绪性感知状态，而这种整体情绪在说话者交际过程中，通过与语境、会话参与者、特定交际目标等因素的互动，又衍生出反讽、惊奇、同情的情绪。

综上所述，句中"哒"在交际互动中的高频运用是该语气词其他相关功能形成的必要前提，而说话者在心理认知上，将反讽、惊奇、同情及抱怨和责备归于同一情绪范畴，这又为其相关功能形成提供了心理基础。

5.6 小结

语境是语言功能形成的关键因素（Heine & Kuteva，2002），句中"哒"的情感立场标示功能形成必然与它出现的语境存在互动。一方面如本文各例所示，句中"哒"高频率地出现于负面交际语境，通过吸收前后语境所蕴含的抱怨和责备意味来进一步体现和加固其话语功能；另一方面，句中"哒"

与其发生的语境间又存在"反身关系",说话者用它来确立一个"立场框架",从而为整个会话奠定负面评价基调。再者,句中"呔"与不同的话语序列位置产生互动,实现多种话语功能。自发话轮旨在帮助说话者发起新话轮,并取得对话互动上的主动权。因此,处于该位置上的"呔"话轮承担将受话者的注意力吸引至或传递出会话核心信息的责任;处于相邻话对第二部分的应答"呔"话轮则是当前说话者对前述内容或观点的反应[6]。实际上,"呔"的韵律特征也与说话者情绪表达密切相关,其韵律变化与说话者情绪强弱呈现如下层级:

轻声 <2 调 <2 调重读拖长 + 后段省略

该层级的形成是语言相似性原则在说话者不同情绪和语气词韵律特征互动关系中淋漓尽致的体现[6]。李衲(Li,2013)通过声学实验对汉语句语气词"啊"和"呢"的韵律特征研究也有类似发现。首先,当说话者选择音强上强弱分明的轻声和 2 调时,所传递出的说话者情绪也从弱到强;再者,读音加重且被刻意拖长属于语音强化现象。强化的语音形式往往表达一个主观大量,能表达说话者程度更深的主观情绪。最后,相较于轻声和 2 调,2 调重读拖长从听觉上给听者以更为厚重绵延的主观感受,加之后段省略,营造出"此时无声胜有声"之感,二者累加使得主观程度随之加深,最终帮助说话者传递出较为强烈的情绪。简言之,句中"呔"的不同话语功能是在交际中与语境、不同话语序列位置、会话参与者等因素的交互中体现。受到高频效应和语言使用者心理认知等因素影响,加之与韵律、句法、话语序列位置、会话参与者的交际目标及语境等诸多因素的互动,句中"呔"一方面衍生出反讽、惊奇和同情等情感立场标示功能,但说话者抱怨和责备的情绪仍然不同程度的存在。另一方面,它与其发生的语境间又是存在反身关系,说话者用它来确立一个"立场框架",为整个会话奠定负面评价的基调。吉首方言句中语气词"呔"的话语功能及其相关功能形成可用图 5-4 表示:

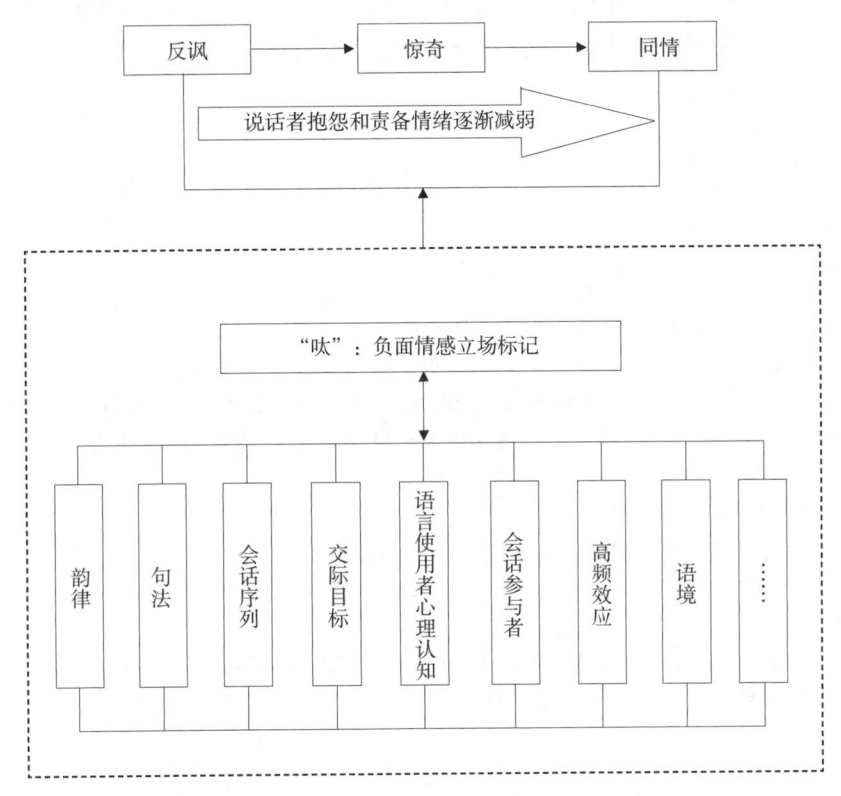

图 5-4 句中"哒"的话语功能及相关功能形成示意

从认知语用学的角度来看，语言交际是一个涉及信息意图和交际意图的明示—推理过程（ostensive-inferential process），而句中语气词"哒"恰好处于说话者明示和受话者推理的"节点"。从说话者一方来看，他们借助小品词"哒"将负面情绪明白地传递出来，从受话者的角度来说，语气词"哒"又充当了一个推理线索的词语，它对话语信息理解起引导或路标的作用，明示会话的负面交际语境走向，从而在认知上对话语理解进行制约。因此本研究对句中语气词"哒"的研究不仅有助于获得对汉语语气词本质的新认识，就会话双方而言，对语气词"哒"全面深入的认知也能帮助他们以较少的精力来最大限度地传达或提取会话含义，最终提高交际效率。

"哒"个性鲜明、极具特色，在吉首方言研究中具有重要价值。本章基于自建口语语料库，运用会话分析方法对句中"哒"的话语功能及其背后条理性与规律性进行描写和解释是一次崭新的尝试。将来的研究还可从历时视角出发，讨论"哒"的来源及历史演变路径，进一步厘清作为词中"哒"与句中"哒"是否属于同一范畴以及它们的关系⑮。

● 注释：

① 句中"哒"主要有轻声和 2 声（升调）两种声调。
② 语料录制于 2012 年 12 月至 2017 年 7 月间的湖南省吉首市城区 7 个不同场景中：超市、家庭、茶馆、发廊、商场、菜市、影楼，录音场所除家庭外均为人流密集地带，且本次录音的主要场所之一——超市为研究者母亲所经营，这些都为本研究获得丰富多样的语料提供了便利。研究借助 ELAN 软件对语料进行转写并标注。
③ 对话主要参与人编码见附录 I。
④ 本文语例中如遇吉首方言和普通话接近时则不再进行普通话翻译。
⑤ 例（19b）中的"哒"韵律特征与（19a）一致，故不再单独绘制韵律表现图。
⑥ 该场景中语料总数，下同。
⑦ "其他"为研究者外出时随机采集的会话语料（如公交车、街头偶遇熟人等），总时长约 2 小时。
⑧ "负面交际语境（negatively interactional environment）"是指说话者表达抱怨、反对、拒绝、警告和讥讽等损害受话者负面面子情感立场的交际环境（Wu，2004：113）。
⑨ 冉永平（2013：1）指出，言语交际中存在引发人际冲突的话语，如责备、冒犯、詈骂等不和谐现象，但追求人际和谐是人类理性的本质。人们在交际中是以人际和谐为取向的。因此本研究中，当面抱怨或责备受话者的语料数量较少是符合人际和谐准则的，而其中大多数当面抱怨和责备案例又发生在家庭成员间，这是由于特殊的社会关系能够降低引起人际冲突的可能性。
⑩ "语气词缺席"分析方法实际上就是部分学者最常采用的"对比分析法"，但二者的最大区别在于，前者对有无语气词的对比是建立在真实语料基础上，后者则直接将语气词抽掉，然后进行主观判断。
⑪ 熏腊肉的场地和工具是单位住户轮流使用的。
⑫ "X 像乡下 Y"在吉首方言中通常用来形容某种事物或观点比较陈旧，跟不上时代潮流或发展，带有一定的负面评价意味。
⑬ 威尔金斯（Wilikins，1986）早期对澳大利亚中部原住民语言"阿伦特（Arrernte）"中的黏着语素"-iknge"进行研究后就发现，该语素附着在动词论元上，其核心功能是传递说话者的抱怨或责备情绪，但有时也能标示说话者的同情情绪。由此威尔金斯认为，抱怨、责备和同情三者间存在着逻辑上的必然联系，但他没有对这种逻辑联系做出分析。本研究能为其进一步做出解释提供参考。
⑭ 语气词"哒"在当前话轮中的位置似乎已存在共性，且其使用也有一定的规律，比如：X 哒₁ + clause, X 哒 + the rest of the clause, X 哒²:::。虽然"哒"在序列中出现的位置非常重要，但其在上述结构中的作用可能已经有所不同。"哒"作为重要的话语标记，针对其功能的分析不能局限于其所在小句所在的序列位置，相关研究我们将另行展开。
⑮ 会话交际是礼貌功能表现的重要场所之一，语气词的韵律特征必然也会受到礼貌原则的制约和驱动。

如轻声"哒"在于从听觉和心理上留给受话者相对模糊的意象,从音强角度减少对会话参与者造成的负面影响,尽量削弱因责备或抱怨行为带来的双方面子损害(Brown & Levinson,1987:70)。

㊱ 单从语言功能上看,句中"哒"很可能是土家语北部方言中构成形容词和动词重叠式的词中缀 le[55](嘞)经由语音和语法演变而来。

第 6 章 话轮组织标记：句末语气词"哦"

6.0 引言

"哦"是吉首方言中最为常见的语气词之一，它在句中出现的位置非常灵活，可位于句首、句中和句末，本章所讨论的句末语气词"哦"在自然口语会话中有着极高的出现频率①。针对吉首方言句末"哦"展开的系统研究尚未见到，就本研究目前掌握的情况来看，仅有李启群（2006）在伍云姬先生主编的《湖南方言的语气词》一书中对其做过简单介绍。李启群主要采用诱导法收集吉首老城区中 3 名 55~69 岁老人的 7 小时录音材料，并通过内省的方式对句末"哦"进行描述和分析。她认为吉首方言句末"哦"主要用于祈使句、疑问句和感叹句末尾，分别表示请求、不太肯定和略微夸张之语气。如下例（40）~（42）（转引自李启群，2006：252–253）：

例（40）用在祈使句末尾，表示请求、建议等：
a. 你好生想下儿哦！
　　你好好想想吧！
b. 算了哦！莫紧讲了哦！
　　算了吧！别老是说吧！

例（41）用在疑问句末尾，所表示的语气不太肯定：
a. 那时候南瓜大概是三分钱一斤哦？
　　那时候南瓜大概是三分钱一斤吧？

b. 那条缸钵可以装六挑水还是七挑水哦?

那个水缸可以装六担水还是七担水吧?

例(42) 用在感叹句末尾,指明事实,语气略带夸张:
a. 唱大戏的时候,台底下都是摆倒副木头哦!

唱大戏时,台下还摆着一口棺材呢!

b. 一钓竿儿扯上来两条鱼,好有味哦!

一钓竿儿钓上来两条鱼,真有趣呢!

李启群的研究至少存在两方面问题:(1) 关于句末"哦"的解释太粗略,不确切。如果把以上3例中的"哦"去掉,句子仍带有请求或建议、不太肯定和夸张的语气。因此,句末"哦"到底在话语中起什么作用,仍需要进一步深入讨论;(2) 语料采集对象仅为3名55~69岁老人,研究所获结论严重缺乏代表性。

如果以句末语气词"哦"为关键词,将文献搜索的范围进一步扩大,我们发现另有5项研究值得本研究关注。首先是陆镜光(Luke, 1990)和吴瑞娟(Wu, 2004)采用会话分析手段,对自然口语语料中粤语方言和台湾汉语句末"哦"的研究。陆镜光认为,从本质上说,粤语方言句末"哦"是一种语言机制(linguistic device),其功能有二:(1) 加强说话者质疑或驳斥前一说话者的语气;(2) 凸显说话者所述内容,引起受话者注意。吴瑞娟的研究则发现,台湾汉语句末"哦"大致上是一个"认知提醒标记(epistemic alert marker)",是说话者用以凸显并提醒受话者注意所传递信息中的"新闻价值(newsworthiness)"或用来"强调事态的非常特征(emphasize the extraordinary character of a state of affairs)",同时标示出说话者的不同情感立场(various affective stances)。

除上述围绕汉语方言句末"哦"展开的重要研究,最早对汉语普通话句末语气词"哦"开展广泛、系统研究的则是赵元任(1968)及李讷和汤普森(Li & Thompson, 1981)。赵元任认为普通话句末"哦"是一个感叹词,同时也是"警示标记(warning reminder)";李讷和汤普森在赵元任研究的基础上,进一步指出句末"哦"是说话者的一个"友善提醒标记(friendly warning reminder)"。最新的一项研究来自张邱林(2013),他发现现代汉语句末"哦"带有亲切和游戏的口吻，常用于陈述句、祈使句和感叹句，且主要出现在电视广告、报纸、网络及其他媒介上的青少年口语中，有显著的语境特点。

从以上几项研究中，我们可以大致窥见句末语气词"哦"的一些重要特征：(1) 从句法位置上看，"哦"可以出现在陈述、疑问、祈使和感叹四大句类末尾；(2) 从功能上说，"哦"是一个"提醒标记"，主要用来凸显说话者所述内容的新闻价值或非常特征，引起受话者注意。

前贤的研究无疑对我们了解句末语气词"哦"的面貌特征起到了重要作用，是后续研究的基础，但相对来说，依然存在如下两个倾向：(1) 对句末"哦"的分析有时来自研究者的直觉，即采用内省法，这导致部分结论难以通过真实语料的检验（如李启群、赵元任、李和汤普森）；(2) 缺乏一以贯之的研究框架。学者们基于不同理论背景、从不同角度对各自语言中的句末"哦"进行分析，在展现其纷繁复杂的义项和功能的同时，难免让人与韦日比兹卡（Wierzbicka，1986）产生共鸣："语气词将人类语言与机器人语言区分开来，是人类交际最核心的部分，但它却让人难以捉摸"。有鉴于上述情况，本章基于约 30 万字的自建口语语料库，在互动语言学理论框架中，运用会话分析手段对吉首方言句末"哦"的功能进行全面、系统地考察，尝试从主观性视角出发，论证其不同功能之间的关系，并提出合理解释。

本章共分五节。第一节对台湾汉语、粤语方言、汉语普通话和吉首方言中的句末"哦"展开对比分析；第二、三节基于自建口语语料库，分别对吉首方言句末"哦"进行定量统计和定性分析；第四节从主观性视角出发，对句末"哦"的不同功能及其深层联系进行探讨；第五节为本章总结。

6.1 台湾汉语、粤语方言与汉语普通话句末"哦"

本节首先简要回顾台湾汉语、粤语方言及汉语普通话中的句末语气词"哦"相关研究，然后将其与吉首方言句末"哦"展开对比，进而为分析功能更为复杂多样的吉首方言句末"哦"做好铺垫。

• 6.1.1 台湾汉语句末"哦"

Wu（2004）基于 7 小时的自然口语语料，采用会话分析方法对台湾汉语句末"哦"的语用功能展开细致分析。她根据不同的韵律特征和话轮序列位置，将句末"哦"分为"无标记"和"有标记"两种形式。其中，无标记"哦"为低平调（a flat, low pitch），主要出现在应答话轮中，用于向前一说话者"寻求确认（seeking confirmation）"，同时标示当前说话者惊奇的情感立场。如下例(43)（截取自吴瑞娟，2004：70-71）：

例(43)［朋友聚会］
((R 告诉 C，台湾有专门教授制作流行食物"bi-ke"的补习班))
1R: 　　补什么 _bi-ke 啊，有补习班。
2C: →　有补习班哦？
3R: 　　((R 微笑点头))
4C: 　　*我是不晓得。*((*笑*))

上例(43)中，R 告诉 C，台湾有"bi-ke"补习班，C 则在应答话轮中采用"回声问（echo question）"的"哦"话轮寻求确认。随后的话轮4进一步证实 C 之前对"bi-ke"补习班的存在毫不知情。据此吴瑞娟（Wu, 2004：53）指出，无标记句末"哦"用于说话者就"未知"或"不确定"信息向先前说话者寻求确认，同时将被询问者置于"信息发布权威位置（epistemic authority over the information）"，反过来从询问者角度出发，句末"哦"又标示出他们对话语中的未知信息或新闻价值的惊奇情感立场。

有标记形式句末"哦"声调稍高或呈现组合调型（a slightly higher or dynamic pitch movement），如高降调或中升调，它可以出现在自发话轮和应答话轮两个位置，用于说话者凸显所述内容中的非常特征或新闻价值，并且标示出更为强烈的惊奇情绪。如下例(44)中（截取自吴瑞娟，2004：86），有标记"哦"出现在说话者 W 的自发话轮位置，用来凸显"遭遇车祸的剧烈碰撞后，所戴太阳镜仍然完好无损"这一"非常特征"，同时传递强烈的惊奇情绪：

例(44)［朋友聚会］
((W 正在讲述自己刚刚遭遇的一场车祸))
W: 警察来了啊，那就叫我出来一下啊，看能不能走啊，什么的啊。(0.5)
　　出来之后，我说_阳光好强哦⑥。我才啊，我的太阳眼镜呢？结果我的
　　太阳眼镜好好的_(.)折的很好哦。

再来看处于应答话轮的有标记"哦",说话者往往通过纠正前述内容的方式凸显出话语中的"新闻价值",并标示主观上的惊奇情绪。如下例(45)(转引自吴瑞娟,2004:98):

例(45)[朋友聚会]
((M 告诉 F,中国东北地区稻谷种植困难,F 据此提出推断))
1F: 　所以东北比较穷,是这样子吗?
2M:→东北不穷哦。
3F: 　不穷[吗?
4M:→　　[那个(.)因为那个大豆(.)大豆可以卖的价钱很高。东北面粉也很好。
　　　　[东北不穷哦。
5F: 　　　[面粉拿来做什么?

上例(45)中,M 在应答话轮 2、4 中两次使用"哦"话轮对 F 话轮 1 中的推测进行纠正。此处的小品词"哦"凸显了"东北不穷"这一新信息,同时还传递出 M 对 F 推测错误的惊奇之情。

6.1.2　粤语方言句末"哦"

Luke(1990:259)研究发现,粤语方言句末"哦"可以位于自发和应答两个话轮序列位置。其中,位于自发位置的"哦"话轮用于说话者告知或提醒他认为受话者应该知道却未知或未注意到的内容。如下例(46)(转引自陆镜光,1990:241-242):

例(46)[电话交谈]
((两位男性朋友电话交谈的结尾部分。K 提议去 Y 的办公室,Y 随即将房号告诉 K))
1Y:係 857 哦!
　　是 857(房间)哦!
2K:857。
3Y:係係。

对对。

上例(46)中,Y 主观上认为 K 并没有对"房间号"这一重要信息予以充分关注,因此他使用句末"哦"对其进行凸显,以提请 K 的注意。K 则通过重复 Y 话轮中的"房间号"来表明信息的成功接收。

处于应答位置的"哦"话轮用于说话者对前述内容的质疑或驳斥,而句末语气词"哦"则凸显交际双方对所述内容的不同认识。如下例(47)(转引自陆镜光,1990:216–217):

例(47)[电话交谈]
((心理咨询师 L 认为"好动"只是青春期男生常态,但母亲 C 认为儿子行为绝非如此简单))
1L:係比较好动嘅。
   (男孩子)是比较好动的。=
2C:=佢唔係好动哦。
   (但)他不是好动哦。

上例(47)中,L 试图用"好动是青春期男生常态"来解释 C 儿子的行为,但却遭到 C 的反驳。陆镜光(Luke,1990:228–231)认为此处的句末"哦"凸显了前一说话者的断言和当前说话者对事物认识上的差别。

总之,台湾汉语及粤语方言句末"哦"就是一个"提醒标记",它是说话者用来凸显所述内容中的新闻价值或非常特征,以引起受话者注意。也就是说,二者都具有凸显话语内容的显著性或意外性之功能。若从"提醒标记"层面上来说,台湾汉语和粤语方言句末"哦"又与赵元任以及李和汤普森早期对汉语普通话句末"哦"的功能看法一致。接下来,我们来看一项有关汉语普通话句末"哦"的最新研究。

• 6.1.3 汉语普通话句末"哦"

相较于赵元任以及李衲和汤普森的早期研究,张邱林(2013)的研究发现,汉语普通话的句末"哦"带有亲切或游戏口吻[③],常用于陈述句、祈使句、感叹句,且主要出现在电视广告、报纸、网络及其他媒介上的青少年口语中，有显著的语境特点。下例(48)分别为"哦"出现在三种句类句末的情况（转引自张邱林，2013：83）：

例(48)
a. 这些，在育儿的过程中，都是不可或缺的哦！
b. 孩子感冒发烧咳嗽，多半是肺热，用葵花牌小儿肺热咳喘口服液，清肺热，止咳，化痰，抗流感，妈妈记住哦！
c. 爸爸，你真是太有性格了，我好崇拜你哦！

值得注意的是，上例(48)中，除c句的"哦"为整个句子增添游戏口吻外，其余a和b中，句末"哦"分别将直接的告诫"这些在育儿过程中都是不可或缺的"和命令式的"妈妈记住"变为亲切的提醒和叮嘱。因此本文以为，张邱林的研究结论在很大程度上再一次证实了汉语普通话句末"哦"与台湾汉语和粤语方言句末"哦"的"提醒标记"作用，只不过此处的提醒带有亲切口吻。另外，他认为汉语普通话中句末"哦"的此种用法为近年来兴起[⑧]，且新用法很可能蔓延进一些相对通用的方言中。

- **6.1.4 台湾汉语、粤语方言、汉语普通话句末"哦"vs. 吉首方言句末"哦"**

通过对上述几项相关研究的梳理，我们至少可以获得两点重要信息：(1) 台湾汉语和粤语方言句末"哦"实际上是一个"提醒标记"，用于凸显说话人所述内容中的新闻价值或非常特征，以提请受话者注意。具体来说，处于应答话轮位置的"哦"通过标示会话参与者间存在的"认知分歧"来凸显所述事物的新闻价值，如例(43)、例(45) 和例(47)中的"台湾有'bike'补习班""东北不穷"和"儿子行为并非典型的青春期好动"；处于自发话轮位置的"哦"则以标示"认知空白"[⑨]的方式实现对所述内容非常特征和新闻价值的凸显或提醒，如例(44)中的"遭遇车祸的剧烈碰撞后，太阳镜仍然完好无损"和例(46)中的"房间号码"；(2) 汉语普通话句末"哦"在很大程度上也是一个"提醒标记"，只不过是带有亲切或游戏口吻，如例(48)中的b和c，且表示亲切或游戏口吻的新用法很可能蔓延进一些相对通用的方言中。

相较于台湾汉语、粤语方言中句末"哦"的"提醒标记"功能，部分吉首方言句末语气词"哦"虽然在形式甚至功能上与之重叠，但在实际会话中更多地表现出自身的独特用法。如下两例：

例(49) ［超市］
((超市停电，A2 电话向 F 询问电路负责人 H 的联系方式))

1A2: 你晓得那条 H 的电话米？我们这里米有电了。
  你知道 H 的电话号码？我们这里停电了。

2F: 你们把开关关下唉。
  你们把（电闸）开关关一下。

3A2: 嗯？［什么？］

4F: 把箱子开关开下关下唉。
  把电闸开关关闭然后再打开嘛。

5A2: 这一节都米有电。
  整条街都停电。

6F: 哦²，那一节都米有电啊？
  哦，整条街都没电啊？

7A2: 哦³::

8F: 整个都米有电是曼？
  整条街都停电是吗？

9A2: 哦³，一条街都停电了。

10F: → 哦²，那米是我屋一家哦⁴。我以为我屋一家。
  （原来）不止我们一家停电啊。我还以为只是我们一家。

11A2: H 电话晓得米啦？
  （你知道）H 的电话号码吗？

12F: 我看下子。
  我找一下。

上例(49)中，如果仅从话轮 9 和 10 来看，吉首方言句末"哦"在功能上与台湾汉语及粤语方言句末"哦"一致，均通过标示会话参与者的认知分歧来凸显话语所含新闻价值——"停电发生在整条街并非超市一家"。但将分析范围扩展至整个会话，我们就会发现二者间的微妙差别。话轮 1~4 中，F 认为停电仅发生在超市一家，因此他建议 A2 对自家电闸进行开关操作。但 A2 在话轮 5 中明确指出，"停电涉及整条街"，此时 F 用句首位置的"哦"标示出"认识状态转换（a change of epistemic state）"（Heritage, 1984），并运用句末语气词"啊"构建话轮向 A2 寻求确认。可见，该话轮中的句末"啊"与台湾汉语及粤语方言句末"哦"功能类似，通过标示会话参与者间的认知分歧来凸显话语新闻价值。有趣的是，在得到 A2 的肯定回应后（话轮 7），F 又转用句末语气词"曼"寻求确认（而非使用句末"哦"），再次获得肯定答复后，F 才选择使用 4 调的句末"哦"（话轮 10），但此时"整条街而非超市一家停电"已不再具有新闻价值，而是 F 经过两次询问后得到的已知信息。换言之，对于说话者来说，此处句末语气词"哦"所表示的是其主观上非常确信的信息。就受话者而言也无须引起注意，话轮 11 中 A2 的话题转换也证实了这一点。

下例(50)是句末"哦"处于自发话轮位置的情况。与例(44)和例(46)一样，它们均以标示"认知空白"的方式实现新闻价值的凸显，以提请受话者注意。但吉首方言句末"哦"更多的是在凸显话语新闻价值的基础上，传达出说话者主观上对话语内容的确信，并以此为主题开启话轮，确保在后续会话中占据主导地位。

例(50)［其他］

((R 巧遇从沿海城市打工回家的好友 P，P 向 R 讲述专职翻译转行做生意的趣事))

1P: ⟶ 像我们厂有个老婆婆哦[4]。

2R: °嗯°。

3P: 我们最大的客户，她是韩国人。

4R: 嗯。

5P: ⟶ 她到我们老板这儿来进货哦[4]，一个老太婆啦，70-80 岁了啦。
她请得个翻译，那翻译跟她做翻译做了好多年了哦[4]。

6R: 嗯。

7P: ⟶ 她就喊那老太婆去她饰品厂进货哦[4]，好像也赚了好多钱咪。
她就让那老太太去她开办的饰品厂进货，好像也赚了很多钱呢。

8R:		哦,就讲你认得到人。
		就是说(做生意)你要有人脉。
9P:		°嗯°,像我们老板要给那翻译红包,带过来嘛。
		比如说翻译把客户带过来嘛,老板要给翻译红包。
10R:		嗯。
11P:		翻译是外地人,到义乌来,几个人去接她嘛,那老太婆要给她红包,给她钱啦。
		翻译是外地人,(她)到义乌来,(客户方派)几个人去接她,那老太婆还要给她红包啦。
12R:		嗯嗯。
13P:		哪晓得后来她自家办了个工厂,把这个老婆婆拉到她厂里进货去了。
		谁知道后来她自己开办工厂,把这个老太婆拉到她的厂子里进货。
14R:		嗯。
15P:		所以讲,做翻译的人后来好多都开厂子了,那些客户都拉到自家厂里头进货去了。不过她翻译的是朝鲜语咯,英语的也多咯。因为那里有一条老外街,全部是老外啦。
16R:		°嗯°。

((P继续向R讲述翻译转行做生意的故事))

上例(50)话轮 1~7 中,会话发起者 P 总共使用了 4 个 4 调的句末"哦"逐步将受话者 R 带入自己设定的主题中,即"翻译利用职业便利,将客户介绍到自己工厂进货",同时表现出主观上对该主题的确信。话轮 8 中"做生意要有人脉"则是 R 向 P 传递自己"已进入既定话题讨论"的信号,因此 P 在后续会话中进一步展开"翻译改行做生意赚钱"的讨论。通过对会话进程分析可见,除话轮 8 外,R 在整个交互过程中始终使用反馈标记"嗯"示意 P 继续发言,将自己置于受话者的位置(Xu,2014),这又说明 P 是整个会话的绝对主导者。

再来看吉首方言句末"哦"与汉语普通话句末"哦"的对比分析。根据张邱林(2013)的研究,汉语普通话句末"哦"带有亲切或游戏的口吻,且作者预测此种用法很可能蔓延进本土方言。我们发现,吉首方言自然口语语料中确实出现了少量汉语普通话句末"哦"介入的情况。如下例(51)：

例(51)［茶馆］
((T、J、R 三人用餐时闲聊))
1T:　　　过几天就要上班了。哎 :: 今儿天我们多吃颗儿嘛。((笑))
　　　　　　　　　　　　　　今天我们要饱餐一顿。
2J:　　　*好，那我要多喝几杯。*((*笑*))
3R:　　　((笑))
4T: →　　*那是的*((*笑*)) 虽然是我请客，% 你也不要贪杯哦 %。
((三人大笑))

例(52)［发廊］
((美发师 H 称赞女顾客 U 头发漂亮))
1H:　　　你头发好黑好亮。
2U:　　　莫啊？((笑))
　　　　　真的吗？
3H: →　　是啊，% 好漂亮哦 %。
((二人笑))

上两例中，说话者 T 和 H 突如其来的"方言—普通话"间语码转换一方面取得了幽默语用效果，另一方面，句末"哦"的使用让话语增添了亲切或游戏的口吻，实现了特定的交际目标。例(51)中，句末"哦"将劝说语气转为亲切的提醒，彰显了朋友聚会轻松的氛围，而发生在美发师与女顾客之间的例(52)，H 通过带有游戏口吻"哦"话轮对 U 进行称赞，拉近与消费者间距离，为进一步实现销售目标奠定基础。

我们对口语语料库检索后发现，诸如上述汉语普通话"哦"介入的情况共有 11 例（约占总数的 0.3%）。虽然它们出现频率极低，但这从一定程度上为张邱林研究中预留假设提供了佐证，即汉语普通话"哦"已开始蔓延进某些本土方言中。同时需要指出的是，说话者发起"哦"话轮时，无一例外地采用语码转换方式，将普通话句末"哦"的用法原封不动地迁移过来，这似乎又表明介入还未真正渗透到吉首方言语气词体系中。汉语普通话句末"哦"的用法能否最终融入包括吉首方言语气词体系在内的汉语方言当中,以何种方式融入则需要更大规模的语料库研究支持和研究者们持续的关注。

6.1.5 小结

本节简要回顾了前人对台湾汉语、粤语方言及汉语普通话句末"哦"的研究,并将此三项研究与吉首方言句末"哦"进行初步对比。结果显示,台湾汉语、粤语方言以及汉语普通话句末"哦"大体上来说是一个"提醒标记",分别通过标示会话参与者的"认知分歧"和"认知空白"来实现话语中"新闻价值"的凸显,提请受话者注意。相比之下,虽有部分吉首方言句末"哦"在形式甚至功能上与前三者有重叠之处,但更多的是表现出自身的独特用法。简言之,相较于台湾汉语、粤语方言以及汉语普通话句末"哦",吉首方言句末"哦"在功能上更为复杂多样,值得进一步深入探究。

6.2 句末"哦"的定量统计分析

本小节首先考察句末"哦"在不同会话场所中的出现频率,为其功能多样化的形成找到定量证据。然后对句末"哦"的三种义项,即确信义、过渡义①和不确信义的分布情况进行统计,勾勒出它在自然口语会话中的使用概貌。

6.2.1 句末"哦"在不同会话场所中的出现频率

依照语言使用中的"高频效应"原则,语言结构的高频重复使用会使得其功能发展出多样性。据此,句末语气词"哦"在自然口语中的使用频率能为其功能多样性的形成提供定量证据。表6-1是句末"哦"在不同会话场所中的出现频率统计结果。

表6-1 句末"哦"在不同会话场所中的出现频率

会话场所	"哦"出现数量	"哦"的平均出现频率
超市	532	$55924 : 532 \approx 105$
家庭	748	$44328 : 748 \approx 59$
茶馆	704	$42460 : 704 \approx 60$

续表

会话场所	"哦"出现数量	"哦"的平均出现频率
发廊	485	39088∶485 ≈ 81
商场	432	36023∶432 ≈ 83
影楼	504	42066∶504 ≈ 83
菜市	449	36554∶449 ≈ 81
其他	42	2241∶42 ≈ 53
合计	3896	298684∶3896 ≈ 77

由表 6-1 可见，句末语气词"哦"在 70 小时约 30 万字的口语语料中共出现 3896 次，平均出现频率为 77∶1。陆镜光（Luke，1990）对粤语方言句末"哦"的频率统计为 150∶1，而吴瑞娟（Wu，2004）对台湾汉语句末"哦"的研究发现，在约 12 小时的语料中，"哦"共计为 205 次。相比之下，吉首方言句末"哦"在自然口语中有着相当高的使用频率。另外，句末"哦"较为平均地分布于 7 个主要会话场所中，这又表明该语气词在口语会话中使用极为普遍。

6.2.2 句末"哦"的三种义项分布情况

通过逐一考察语料中所涉句末"哦"的会话后发现，在自然口语交际中，吉首方言句末"哦"标示说话者主观上对所述事物或命题的确信程度，包括确信，不太确信和不确信。其中表信义的"哦"占总数的 78%，占据绝对优势；表不确信义和过渡义仅为总数的 17% 和 5%⑤（见表 6-2）。

表 6-2 句末"哦"的三种义项分布情况

会话场所	确信义	不确信义	过渡义
超市	429	82	21
家庭	615	114	19
茶馆	569	94	41
发廊	363	96	26

续表

会话场所	确信义	不确信义	过渡义
商场	336	73	23
影楼	378	99	27
菜市	299	115	35
其他	33	5	4
合计	3022（≈78%）	678（≈17%）	196（≈5%）

参照表6-2中的定量数据，我们可以大致勾勒出吉首方言句末"哦"在自然口语交际中的使用概貌。首先，在绝大多数交际场景中，句末"哦"标示着说话者对所言事物的确信。出于主观上的确信，说话者能够从容而有效地组织和调控会话内容，如通过引发、延续、终结和挑战话轮等话语行为，进一步强化自己的话语权力，这是句末"哦"在日常交际中的常态；"不确信义"的"哦"标示说话者对所言事物的不确信甚至完全不知情，它参与构建疑问话轮，帮助说话者从受话者处获取信息，此种情况在交际中并不常见。最后是表"过渡义"的"哦"，它帮助说话者构成"寻求确认"话轮，目的在于就自己的观点和立场向受话者求证，但说话者主观上对所求证之物仍有一定程度的确信。此种用法出现频率极低，属于吉首方言句末语气词"哦"的非常态。当然，定量分析统计仅能描绘出句末语气词"哦"使用概貌。接下来，本研究将在互动语言学理论框架中，运用会话分析手段进一步对吉首方言句末"哦"的会话功能进行全面、系统的考察。

6.3 句末"哦"：话轮组织标记

如前所述，吉首方言句末语气词"哦"体现出说话者对所述内容的确信程度，并由此衍生出一系列的话轮组织功能。作为一个话轮组织标记，确信义的"哦"具有引发、延续、终结、挑战话轮的功能；过渡义和不确信义的"哦"则分别参与寻求确认和存疑询问话轮构建。接下来，本节首先对确信义"哦"的话轮组织功能逐一展开讨论。

6.3.1 确信义"哦"的话轮组织功能

定量统计分析显示，确信义"哦"约占总数的 78%，由此衍生出的引发、延续、终结及挑战话轮功能是句末"哦"最为显著的会话功能。

6.3.1.1 引发话轮

处于自发话语序列位置的 4 调句末"哦"⑧用于说话者发起主观上非常确信的话轮末尾，以引发内容相关的下一话轮。如下两例：

例(53) ［茶馆］
((J 认为将衣服剪短会更适合自己，但 T 和 R 对此并不赞同))

1J:→　　 ((J 拿着衣服比画)) 其实这蒙卷蛮好看的哦^{4.}。
　　　　　　　　　　其实把衣服这样卷短挺好看的。

2R:　　　 你要卷成那样子搞什蒙啦？这本来就是这个式样的，你要剪成高腰衣啊？=
　　　　　　　　　你为什么要把衣服卷得那么短？它本来就是这个款式，难道你要把它剪成高腰衣？

3J:　　　 = 嗯。

4R:　　　 啊哟，> 莫剪莫剪 <。=
　　　　　　　　　别剪别剪。

5J:→　　 = 我 > 要剪要剪 <。((笑))

6T:　　　 好喜欢把衣服剪成那样子，米好看。
　　　　　　　　　(J) 就喜欢把衣服剪短，(其实) 不好看。

7J:→　　 我就觉得好看，我就是喜欢短的。

上例(53)中，J 以"衣服卷起来好看"为题发起话轮，后虽一直未获好友 R 和 T 认同（话轮 2~6），但会话最终以 J 重读话轮 7，坚持原有立场的方式结束。对话轮 1 分析后发现：语气副词"其实"首先传递出 J 的主观态度：他认为所陈观点即为实际情况⑤，而句末"哦"在加强确信语气的同时，还帮助该话轮实现"向下"功能⑥，即引发内容相关的下一话轮，推进会话的进一步展开。换言之，话轮 1 并非向会话参与者寻求确认，而是会话发起者实现引发相关话轮的手段。话轮 2 中 R 的应答也证实了这一点：R 并未把前一话轮当作 J 的提问而回答"衣服卷起来是否好看"，而是将其视作立场表达，因此直接表示反对。

例(54)［家庭］
((F 向 M 发起"打扫厨房"的话题))

1F: ⟶ 厨房打扫得也阿正规哦⁴。
　　　　厨房打扫得挺好吧。

2M: 。嗯。

3F: ⟶ 我今天硬是用抹布把那些死角都抹了。
　　　　我今天用抹布把（厨房）死角都清扫干净了。

4M: ⟶ ((M 走进厨房)) 嗯，这个厨房阿像个样子。=
　　　　这才像厨房的样子。

5F: ＝窗户上的油我都抹干净了，你用手摸下子，是干净的。今天搞恼火了！
　　　　（连）窗户上的油渍我都擦干净了，你用手摸一下，很干净。今天累死了！

6M: 嗯，家务事累死人，做了又看不到。
　　　　家务事很烦琐，做的辛苦却不易被人察觉。

上例(54)中，F 用"哦"话轮发起"打扫厨房"的话题，但 M 用轻声反馈标记"嗯"作为回应，表明其不愿意继续该话题（Gardner, 2001）。因此在紧邻话轮中，F 通过重读程度副词"硬"和"都"来增强话题的可说性——"连最难清扫的死角都擦干净了"，试图推进会话。经过话轮 4、5 的交替，F 最终引出了所期望的应答：M 对其辛劳工作的认同。

由以上两例可见，4 调的"哦"话轮表达了说话者对事实的一种确信无疑的态度，因此话轮发起者在整个交际过程中扮演了"引发者"和"设定者"的双重角色，主导会话方向，引出特定答话或信息。

也有说话者使用"哦"话轮引发下一相关话轮受阻的情况，此时说话者还会采取重复发起话轮的方式来引发会话参与者的回应，以推进会话展开。如下例(55)：

例(55) [家庭]

((M试图以"儿子好友W工作状况"为题展开对话,但儿子B却不愿意继续该话题))

 1M: → W是和你们到一起的哦^4。
    W是跟你们一起上班的吧。

 2B: 你管人家搞什蒙。
    你不要管别人的事。

 3M: → W是你们超市的哦^4。

 4B: °米是°。
    不是。

 5M: 米有哦^2,我讲是到你们超市里头做的哦^2。那W到你们超市做什蒙哒?
    不会吧,我觉得他是在你们超市做事吧。那他在你们超市做什么呢?

 6B: 你问人家这些。
    你(怎么)打听别人这些(私事)。

 7M: → <u>我问你,又米问他</u>。他是到你们超市哦^4。
    我是在问你,又不是(当面)问他。

 8B: 他到仓库。
    他是货仓管理员。

 9M: 我就是讲咯。那天我碰到他屋姨,她讲的。
    我就说嘛。有天我遇到他姨妈,是她告诉我的。

((M继续讲述W为何要在超市工作))

上例(55)中,M两次使用"哦"话轮试图发起话题——"W与B在同一家超市工作"(话轮1和3),但B分别以"不要管别人的事"和否定反馈"不是"直接拒绝会话的展开。因此在话轮5中,M连续使用质疑的2调"哦"直接挑战B的观点^②,明示与之不一致的主观立场,即"W与B在一起工作",并转为直接询问W在超市中所任何职,但仍然遭到B的拒绝。直至话轮7中,W第三次使用4调"哦"话轮才引发了B的回应。从话轮9中可知,M实际上对W的工作状况十分熟悉,三次使用"哦"话轮只是为了引发B的回应,实现推进对话的目的。

语料中还存在说话者使用"哦"话轮发起话题之后，引起多个会话参与者反驳而选择直接放弃当前话题。如下例(56)：

例(56)［超市］
((M认为山上的住房在夏季会很凉爽，但当事人CJ和A2对此均表示反对))
1M：→ 你屋高头好凉快哦[4]。=
　　　你家山上的房子（夏天）住着很凉快。
2CJ：=也米凉快也。=
　　　不凉快。
3M：=米凉快唵？
　　　难道不凉快吗？
4：　（1.0）
5A2：到了这个天了，到哪儿都是热热的。
　　　到了这个季节，任何地方都是炎热的。
6CJ：((笑))也米凉快。=
　　　也不凉快。
7A2：→ =除非坐到空调房里头（.）哦[4]。
8：　（2.0）
9M：那你那房子米有人坐咯？
　　　你那（山上）房子没有人住吗？
10CJ：米有。
　　　没有。

上例(56)中，M使用句末"哦"发起"山上住房在夏季凉爽"的话题后遭到CJ和A2的反驳：当事人CJ直接反驳M的观点，且话轮间的"无间隔"表明她急于阻止M以错误观点展开会话（话轮2）。随后的话轮5中，A2首先通过回应M话轮3中疑问的方式与CJ站到同一立场，她认为"夏季任何地方都热"，并在话轮7中试图采用4调的"哦"开启新话题——"只有待在空调房间凉快"，但未能引发相关话轮。最终2秒停顿后，M重新开启的疑问话轮9标志其放弃了先前话题。

我们还发现说话者使用"哦"话轮后却未能引发受话者应答，此时他们往往往选择省略句末语气词"哦",将引发话轮转为直陈式的观点和立场表达[⑩]。这恰好从另一个角度佐证了语气词"哦"在引发下一相关话轮中的重要作用。如下两例:

例(57)［家庭］
((F试图发起"做菜"话题,但R在客厅看电视未能及时予以回应))
1F:→ 几个菜煮到一锅米好吃哦[4]。
    不同的菜混在一锅煮不好吃。
2:   (35.0)
3:   ((F走到R身旁))几个菜煮到一起米好吃,把味道都煮到一起了,吃起来怪怪的。
    ［我都分开搞了。
    我已经分开做了。
4R: ［哦[3]。

上例(57)中,F以"不同菜品混煮味道不好"为题引发话轮失败,在经过35秒的较长间隔后,转用省略句末语气词"哦"的方式重申话轮1中的观点,并对此做出解释。随后虽获得R的回应,但二人话轮重叠说明F并无意引发话轮,只是向R陈述自己的观点或立场。

例(58)［家庭］
((F和M在厨房做饭时聊起时令蔬菜))
1F:→ 到了这个时候有"莜麦菜"哦[4]。
    已经到了吃"莜麦菜"的季节了。
2M: 嗯[3]?
3F:→ 帮我铲下菜咯。
    帮我把锅里的菜翻炒一下啊。
4M: 好。

上例(58)中,M很关注F"哦"话轮中的菜名信息,但是又没有听清楚,所以使用3调的反馈标记"嗯"希望F重复菜名。作为受话者,M显然意识到"哦"话轮旨在引发下一话轮,因此她格外关注该话轮中的信息,为话轮交替做好准备。但此时 F 用去掉句末"哦"的话轮重申观点"已经到了吃莜麦菜的时节"后转入新话题,表示他已无意引发相关话轮。此例从会话参与双方的角度再次证明了句末语气词"哦"在引发话轮中的作用。

6.3.1.2 延续话轮

4 调的句末"哦"作为延续话轮的标记,其作用又可细分为两种情况:a. 延续话题;b. 切换话题。

a. 延续话题

4 调句末"哦"可以用作延续话题的标记,它的主要功能是帮助说话者延续前一话题,即对当前讨论话题做进一步的展开。如下例(59):

例(59)［茶馆］

((Z 从外地放假回家,与好友 T 在茶馆闲聊减肥话题))

1Z:　你晓得我这派儿回来最大的感受是什蒙曼?
　　　你知道我这次回家最大的感受是什么吗?

2T:　什蒙?
　　　什么?

3Z:　就是你脸明显瘦了一圈。因为我第一次回来觉得你脸好像变小好多了。

4T:→ 变小好多了哦⁴。

5Z:　你脸是瘦得也阿明显,我跟你讲。
　　　我告诉你,你的脸确实瘦得比较明显。

6T:　那是因为_我跟你讲,脸是最后瘦的。

7Z:　你之前莫米感觉你瘦了啊?
　　　你之前难道没有感觉到你瘦了吗?

8T:　瘦了啊,比冬天的时候瘦多了嘛。

((继续讨论 T 的瘦身效果))

上例(59)中,Z 首先指出 T 的最大变化在于"脸瘦了很多"(话轮 1、3),后者则在话轮 4 中顺势用 4 调的"哦"话轮将该话题延续,进一步讲述她的瘦身效果（话轮 6~8）。

b. 切换话题。

4 调的"哦"还具有切换话题功能。话题切换是从当前一个话题引导出另一个话题，因此也属于话轮的一种延续方式。如下例(60)：

例(60)［其他］

((R 巧遇从沿海城市打工回家的好友 P，二人谈及 P 所在工厂老板的生活和生意))

1P：	他((指工厂老板)) 开始摆地摊，后来买店面，现在店面 700 万~800 万一间。他又接得到国外的单子，看到看到起来的。
	生意就这样一步步红火起来。
2R：	那他有钱了，这时候。
	那他现在是有钱人了。
3P：	车子，原来开摩托车，现在买了个"宝马 X5"，又买了 3 个"宾利"。
4R：	那他那蒙有钱啦，是曼。=
	(买车)是因为他很有钱，是吧。
5P：	=光买个车牌都买了 10 多万，4 个 6 车牌号有 4 个 6。
6R：	有钱:::=
7P：	=好有钱::
8R：	年轻，又有钱，[结婚了曼?
	结婚了吗?
9P：	[他好成功。结婚了，有 3 个儿子。
10R：	哦[3]。
11P：	好成功。每天早上陪老婆跑步，周末陪老婆逛街，好成功。
12R：	→他也辛苦哦[4]。
13P：	也累，压力也大。要随时想到发展客户，到处跑业务。
14R：	是的，做什蒙都要辛苦，赚那蒙多钱，人家受的苦我们可能吃不消。
15P：	=嗯。

16R: →那阿是有好多人做的米好哦⁴。
　　　那也还有很多人生意做得不好。
17P:　嗯，倒闭的厂子多些。他做得好，运气也好。
18R:　是的，成功的阿是少数，运气加努力，是这蒙的。哪可能人人都做得那蒙好。
19P:　是的。
((二人继续讨论工厂老板的成功之道))

上例(60)中，P与R开始的话题是对工厂老板发迹史和富足生活的陈述与评价（话轮1–11），然后R借助"哦"话轮12切换到另一话题——"事业成功背后的艰辛"，同时成功引发下一话轮（话轮13–15）。话轮16中，R再次使用"哦"话轮将话题切换至"生意失败者占多数"，此话题同样得到P的赞同，会话继续向前推进。

从上两例来看，4调的句末语气词"哦"起到了延续话轮的作用，且这种延续话轮的功能与其引发话轮时类似，均为说话者推进会话的展开。但二者也存在细微区别：前者是说话者在交谈中接受话语信息后做出的相应反应，目的在于保证交际的连贯性，后者则是说话者主动发起话题，以引发下一相关话轮。

6.3.1.3　终结话轮

4调的句末"哦"还具有终结当前话题功能。具体表现为说话者在使用"哦"话轮陈述自己观点和立场的同时，暗示当前话轮的终结，随后即将进入新的话轮。如下例(61)：

例(61) [菜市]
((M在菜市偶遇朋友K，K询问其父母身体状况))
1K:　哎，你屋爸妈有什蒙病曼？
　　　你父母有什么病痛之类的吗？
2M:　什蒙啊？
　　　什么啊？
3K:　有什蒙老年病那些曼？

第 6 章　话轮组织标记：句末语气词"哦"

有诸如老年病之类的吗？

4M:　骨质疏松吧。

5:　　(3.5)

6K:　骨质疏松啊？

7M:　°嗯°。我爸妈_血管啊那些都也阿正常。

8K:→　就只有个骨质疏松？那身体好好哦[4]。

9M:　哦[3]= 你买得什蒙菜？

10K:　我买得颗儿肉，好贵，几十块钱的，这颗颗儿。
　　　　我买了点肉，很贵。几十块钱才买到这么一点。

((二人继续讨论菜价))

上例(61)中，K 以询问 M 父母身体状况开启会话，二人在经过 3 次话轮交替后（话轮 2~8），K 使用"哦"话轮进行总结——"M 的父母身体很好"，同时暗示当前话轮结束。话轮 9 中，M 对 K 话轮回应后立刻发起新话题的行为也说明，从受话者的角度来看，K 也将前一"哦"话轮视为话题终结标志。

下例(62)发生在茶馆服务员和顾客之间，而包括超市、商场和菜市在内的四个商业场所中，服务人员与顾客间的会话是终结"哦"话轮出现的最典型语境[⑨]。

例(62)［茶馆］
((服务员 S 为 J、T、R 三人点餐))

1T:　((对 S 说))有菜单曼？
　　　　有菜单吗？

2S:　来((将菜单递给 T))

3T:　°嗯°。来，给你菜单唵。((将菜单递给 J))

4J:　搞个香干肉丝大碗饭咯。
　　　　点一份香干肉丝饭。

5S:→　香干肉丝大碗饭哦[4]

6J:　°嗯°。你要什蒙曼？((对 T 说))

7T:　我要一瓶水，矿泉水。

8S:→　一瓶矿泉水哦[4]。

9T: °嗯°。
10J: 你要什蒙曼？你吃个饭咯。((对R说))
　　　你点一份米饭嘛。
11R: 我米要饭。
　　　我不想吃米饭。
12J: 那你点什蒙？
13R: 我点个绿豆沙就成了。
　　　我要一杯绿豆沙就行了。
14S: → 绿豆沙哦[4]。
15R: 冰的啊。
16S: → 冰的哦[4]。
17R: °嗯°。
18J: 我也再搞个绿豆沙咯。
　　　我也再要一杯绿豆沙嘛。
19S: → 两杯绿豆沙哦[4]。
20J: °嗯°。
((三人继续点餐))
　　　好,那就这些咯。
21S: → 就一份大碗饭、一瓶矿泉水、两杯绿豆沙、一包"精品"((香烟品牌))哦[4]。
22J: °嗯嗯嗯°。

上例(62)是具有话轮终结功能的句末"哦"在四种商业场所中的典型出现形式：顾客提出购买需求，服务人员用"重复顾客要求+4调句末哦"表示其接收信息，同时预示当前话轮结束，明示顾客可继续提出要求。

语料中还发现少量服务人员未使用句末"哦"而导致顾客重复先前话轮的情况，这些例子恰恰证明了句末"哦"在话轮终结中的重要作用。如下例(63)：

例(63)[茶馆]
((T、R二人点餐))

1R:		服务员,点个东西咯。
		服务员,我们要点单啊。
2S:		好,要什蒙?
3R:		((对T说))你要什蒙曼?点个喝的嘛。
		你要什么啊?点一杯喝的嘛。
4T:		我点个绿豆沙咯,要冰的啊。
		我点一杯绿豆沙,要冰的啊。
5S:	→	一杯冰豆沙。
6T:		我要一杯冰豆沙啦。
7S:	→	一杯冰豆沙哦[4]。
8T:		嗯嗯。
9R:		那我点个饭咯。
10S:	→	一杯冰豆沙,一份大碗饭,就这两个哦[4]。
11R:		嗯,你喊他快颗儿上啊。
		你让厨房快点做好啊。
12S:		好。

上例(63)中,T首次点单时,S并未使用"哦"话轮进行回应(话轮5),这导致T采用加强语音和嵌入语气词"啦"的方式来凸显其主观需求,目的在于引发S的终结"哦"话轮,以便继续展开会话。有趣的是,或许是经过话轮5~8交替的提醒,S在话轮10中恢复使用句末"哦"表明其收到T、R的点单要求,整个话轮顺利结束。该例从会话参与者角度再次证实了句末"哦"在话轮终结中的作用。

6.3.1.4 挑战话轮

2调的句末"哦"具有构建挑战话轮的功能。此种挑战行为通过对事件或前述内容表示质疑而形成,从而表明了相关事件或前述内容存在问题,有时还带有要求受话者对其做出解释之意(Keisanen,2007:253)。挑战行为可以由处于自发和应答序列位置的"哦"话轮来实现。先看"哦"处于自发话轮的情况,如下例(64):

例(64) [其他]

((R 在公车上偶遇朋友 L，L 向 R 抱怨 S 快递收费混乱))

1L: 我跟你讲，我觉得那 S 快递那儿寄东西真的是乱收费。那天我去帮朋友寄包小小花椒嘛，他讲 25，那天我来寄鞋子也是 25。

2R: 嗯。

3L:→ 也米得好重，他讲 25。我讲你们到底是若个收费的哦²？
并不是很重，他说（价格是）25 块。我说你们到底是怎么收费的？

4R: S 快递好贵。

5L: 他((指 S 快递员工))讲，那你这个超过 2 斤了啦。

((R 给 L 推荐另一家快递公司))

上例(64)中，L 通过转述自己与快递员工对话的形式，表达出对 S 快递乱收费行为的质疑，并对"不论货物大小均收费 25 元"的说法提出挑战。话轮 1 中，L 首先使用认知表达语"我觉得"和情态副词"真的"以直陈方式凸显对"S 快递乱收费"的主观确信立场，并通过举出具体事例的方式支持所持立场。因此话轮 3 中，疑问词"若个（怎么）"虽然让话轮表现出疑问特征，但实际上却为 L 的质疑，属于"无疑而问"，其中句末"哦"在标示说话者质疑立场并构建挑战话轮中起到重要作用。从 L 转述的话轮 5 中也可见，快递员工同样将 L 话轮 3 视为一种挑战，并对其质疑做出解释。

再来看处于应答序列位置的挑战"哦"话轮。根据定量统计结果，出现在该位置上的"哦"话轮占据挑战"哦"话轮总数的 83%，具有绝对优势，且表现形式上呈现出多样性。如以下各例：

例(65) [茶馆]

((J、T、R 三人商议去茶馆楼下买小吃))

1J: 那你们快去买东西咯，等下来了好吃。
那你们快去买吧，等买过来就可以吃啦。

2T: 到哪儿买啦？

3J: 就到底下啊。
（茶馆）楼下就有啊。

4: (3.0)

| 5T: | → | 底下哪有"醋萝卜（（当地名小吃））"哦²？ |

            （1.5）

6R：   我晓得。

7T：   我阿以为要走好远哝。

          我还以为要走很远的路呢。

8J：   那你们快去咯！

上例(65)中，T对J前述观点"楼下有小吃"提出质疑，并使用2调的"哦"话轮进行挑战。分析发现，T的质疑源于她对"楼下并无小吃"的主观确信，其中话轮3和5之间的3秒间隔实际上是T"搜索小吃店地址"到"确信楼下并无小吃店"这一心理过程的外部表现。话轮7也证实了T先前对"楼下无小吃店"的主观确信。

下例(66)中出现了句末语气词"哦"和"啊"分别嵌入相同话语内容后，句子实现不同会话功能的情况，这也可以视作"语气词缺席"案例。如前文所示，对此类会话的对比分析是用来证实语气词本身具有特定语用或立场标示功能的最佳方法之一。

例(66)[发廊]

((T抱怨S未将礼品"洁面膏"和"洗发水"带给自己，但S认为只是忘了"洁面膏"))

1T：   答应送我的好多东西又忘记帮我带了。

          （你）答应送给我的很多礼品又忘了带给我。

2S：   又好多东西咯。((笑))

          （怎么）是很多礼品啊。

3T：   那洗脸的，阿有洗头的。

          有洁面膏，还有洗发水。

4S：→   我欠你什蒙洗头的啊？((笑))

          我答应送你什么洗发水啊？

5T：   你自己想咯，就是那去油什蒙的。

          你好好想想吧，就是那种控油类型的。

6：   （4.5）

7S: → 我欠你什蒙洗头的哦²？
　　　　我难道说过送你洗发水？

8T: 　那你欠我什蒙？莫就只是洗脸的咯？（（笑））
　　　　那你要送给我什么？难道只有洁面膏啊？

9S: 　是的，哼。

（（二人大笑））

上例（66）的话轮4中，S使用疑问词"什么"和句末语气词"啊"对T的抱怨提出疑问，T的回答表明他将其视作"真性问"（话轮5）。在4.5秒的停顿后，S确认并没有答应要赠送洗发水，于是他通过将句末"啊"变为"哦"的方式把"真性问"转换为"无疑而问"的挑战话轮，所表达的意思是"我并没有答应送给你洗发水"，而T带有玩笑口吻的回应"难道你只答应送我洁面膏"也表明她体会到S的立场变化（话轮8）。通过对该例中话轮4和7的对比，语气词"哦"的挑战话轮组织功能得到进一步证实。

从以上三例可见，2调句末"哦"在帮助说话者发起挑战"哦"话轮时，通常形式上表现为疑问句，但并无"疑问点"，属于"无疑而问"，全完是说话者基于主观确信而对前一事件或说话者观点的挑战，有时还要求受话者对质疑做出解释。

除典型的"无疑而问"外，说话者还会采用多种形式的挑战"哦"话轮来质疑前述内容，且挑战意味也不断增强。比如通过纠正前一说话者所述内容中的问题来实现挑战功能。见下两例：

例（67）［家庭］
（（GM询问R是否抽烟，A1和M也加入讨论））

1GM: 　R，人家吃烟你米爱唉？
　　　　别人抽烟你不美慕吗？

2R: 　［我米吃。
　　　　我不抽烟。

3M: 　［爱？那条烟莫是什蒙爱唉？
　　　　美慕？抽烟难道还值得美慕吗？

4A1: 　他（（指R））烟酒都米沾。

他烟酒不沾。

5M: ⟶ 酒他可能阿吃点吧点哦²。

他可能要喝一点点酒。

6R: 我要喝颗儿酒。

酒还是要喝一点。

上例(67)中，M运用2调句末"哦"，通过对A1话轮中"R烟酒不沾"的观点进行纠正的方式构建挑战话轮。直接对前一说话者观点或看法的纠正带有较强的挑战意味，这又从M选择模糊限制语"可能"和"一点点"来削弱挑战行为可能对A1面子的损害中可见一斑。

例(68)[影楼]
((S和P讨论相机品牌))

1S: 我下派儿要拿那个"康尼"相机给客人拍派儿外景，效果肯定好好。

我下次要用"康尼"相机给客人拍外景，效果肯定很好。

2P: ⟶ "尼康"哦²，"康尼"。

(是)"尼康"吧，(还)"康尼"。

3S: 哦²，"尼康"。

4P: "康尼"。((笑))

上例(68)中，P同样采用直接纠正S话语中"相机名称"错误加2调句末"哦"的方式，实现挑战前一话轮功能，而且P在话轮4中重复S所犯错误又传递出轻微嘲讽之意，相较于例(67)，该会话的挑战意味显然更为强烈。

我们发现，2调"哦"还能出现在说话者表达否定意味话轮句末，形成对前一话轮更为直接地挑战。如下例(69)：

例(69)[茶馆]
((J告诫T和R，吃完"鸭霸王（一种特别辛辣的当地小吃）"后立即喝冰绿豆沙会有生命危险))

1J: 惨了，忘了件事了。

2T: 什蒙东西?
什么事?

3J: 吃完"鸭霸王"不能吃那个。

4R: 吃什蒙?

5J: 吃冰绿豆沙。

6R: 为什蒙?会中毒啊?

7J: 嗯,你米晓得啊?
你还不知道啊?

8R: → <u>不得哦</u>²:: 莫乱讲哎,哎::
不会的,你别胡说啊,

9J: 你问T((转向T))T,毒死个人,你米晓得啊?
(已经)毒死人了,你不知道啊?

10T: >米晓得。<
不知道。

11J: 那老板都赔了好多钱,你米晓得啊那?
(卖鸭霸王的)老板都赔了很多钱,你不知道啊?

12: (3.0)

13R: 乱讲::
胡说。

14J: 你问你屋娘去咯。
你回去问你妈嘛。

15R: 就是那个老板啊?

16J: 嗯,她以前卖的有绿豆沙晓得曼?
她以前也卖绿豆沙,知道吗?

17R: 莫啊?
不会是真的吧?

18J: 嗯,我现在才想到。

19R: →不得哦²,乱骗人,不可能的,难得和你讲了。
不会的,是你胡说,懒得跟你说了。

((话题转移))

上例(69)中，J 告诫 R，"鸭霸王和冰绿豆汁混吃会导致食物中毒"，但 R 采用否定句"不得"加 2 调"哦"的方式构成挑战话轮，直接指出 J 在胡说。其中重读加拖长音的语音调节方式表现出 R 强烈质疑情绪（话轮 1~8）。随后的话轮中，J 试图通过寻找人证（话轮 9、11、14）和激活会话参与者共知背景信息"鸭霸王老板曾经销售冰绿豆汁"（话轮 16）的方式来提高所述内容的可信度，期间 R 的两次询问显然标示其"从质疑到疑惑"的认知立场转换（话轮 15、17）。但短暂的疑惑后，R 仍然坚持自己的立场，他使用"哦"话轮再次对 J 所述内容提出挑战，并终止当前话题（话轮 20）。试比较话轮 15、17 和 20：随着说话者从"疑惑"到"质疑"，语气词的使用也从"啊"变为"哦"，这充分表明后者在组织挑战话轮中的重要作用。

再来看下例(70)，该例中的"哦"话轮在实现挑战轮功能的同时，以近乎詈骂语的形式传递出说话者非常强烈的质疑情绪。

例(70)［超市］
((M 和 A3 给客户 C26 推荐热销饮料))

1A3： 那个绿茶米要啊？
       那个（龙井）绿茶不要吗？

2C26： 哪个？龙井茶啊？
       哪个？龙井茶吗？

3A3： 嗯。

4C26： 龙井茶我有，那个米好吃，赶不到那个。
       龙井茶我还有存货，不好喝，味道不如那个（统一绿茶）。

5M：   米曼有人买这个。
       买这种（统一绿茶）的人不多。

6C26： →讲鬼哦[2]。
       （你真是）鬼话连篇。

((C26 继续购货))

上例(70)中，A3 向 C26 推荐"龙井绿茶"，但后者认为该品牌绿茶味道远不及"统一绿茶"。为此 C26 使用了近乎詈骂语的"你真是鬼话连篇"直接挑战 M 的"统一绿茶购买者不多"观点，同时流露出非常强烈的质疑情绪。

6.3.2 过渡义"哦"的话轮组织功能：寻求确认话轮

"寻求确认（seeking confirmation）"是指说话者提出对事物的观点和看法，并期望从其他会话参与者处得到证实的话语行为（Wu，2004：53）。寻求确认在会话交互中十分常见，且已有诸多学者对此展开过研究（Labov，1972；Labov & Fanshel，1977；Pomerantz，1980；Schegloff，1996；Sorjonen，1997，2001；Wu，2004 等）。他们发现寻求确认是一种特殊的话语行为，当说话者发起寻求确认行为时，主观上虽对所求证之物存有一定程度的确信，但他们更期望从其他会话参与者处获得证实，因此也将受话者置于"信息发布权威位置（epistemic authority over the information）"。

我们发现，表"过渡义"的 2 调句末"哦"具备构成说话者寻求确认话轮功能，该话轮处于"确信义"到"不确信义"连续统的中间地带，换言之，它展现说话者从主观上非常确信向不确信的过渡。如下两例：

例(71) [家庭]
((F 和 M 谈论好友 WS))

1F: → WS 米有好大年纪哦^2？
　　　WS 年纪不大吧？

2M: 　WS 年纪小，1952 年的。你呔比他大 10 岁去了。
　　　WS 年纪小，(他是) 1952 年生人。你比他大了 10 岁。

3F: 　我就是讲咯，他可能是比我小。
　　　我就觉得他应该比我小。

4M: 　嗯。

(72) [商场]
((服装导购 S1 与 S2 讨论春节过后的惨淡经营状况))

1S1: → 好像他们都阿米有开张的哦^2？
　　　 好像其他店面都还没有卖出商品啊？

2S2: 　°嗯°。

3:   　　(5.5)

4S1: 　可能这一期才过完年，人家该买的都买了。

5S2: 是的啦，哪个有钱天天买啊。

　　　是啊，谁有那么多钱每天都买东西啊。

上两例均为寻求确认"哦"话轮处于自发序列位置的情况。虽然说话者对所言内容仍然持有一定程度上的主观确信，但确认"哦"话轮的话语功效为"向其他会话参与者求证"。上例(71)中，F发起的寻求确认"哦"话轮体现对"WS年纪不大"一定程度上的主观确信，旨在引发受话者M对其立场的进一步确认。M的肯定反馈虽然表明F的主观判断与实际情况一致，但话轮3中，F选择模糊限制语"可能"则流露出之前对所言内容不是非常确信。上例(72)中，S1在自发"哦"话轮中使用"好像"表明其主观上对"其他店面都还没有卖出商品"不太确信，在得到S2的肯定回应支持后，S1尝试分析年后生意惨淡的原因。

我们发现，寻求确认"哦"话轮还可以通过"诱导性提问"的方式来实现。诱导性提问是指说话者先提出问题后立刻给受话者提供一个参考答案，帮助受话者回答（姚双云，2012：164）。从说话者动机来看，诱导性提问主要目的并非提问，而是提供参考选项，让其他会话参与者进行确认。据此本文将诱导性提问划归于寻求确认话语行为。如下例(73)：

例(73) [茶馆]
((J向T、R询问午饭后的活动安排))
1J: ⟶ 到哪儿去哦^2？= 打牌阿是唱歌？
2T:　　打牌嘛。
3:　　 (1.5)
4J:　　你们三个人搞啊？
　　　　你们三个人打啊？
5R:　　我们天天都三个人。你米出来不只有我们三个人。
　　　　　　　　你不愿意出来，我们就只有三个人（打牌）。

上例(73)中，J首先通过"哦"话轮向T、R询午饭后的活动安排，同时以无间隔方式提供两个选项"打牌或唱歌"。其中"到哪儿去哦^2"看似一个疑问话轮，但却是J对"打牌"还是"唱歌"不太确信，因此要求T和

R 进行选择的寻求确认"哦"话轮。

下例(74)中,说话者两次使用诱导性提问的形式向受话者寻求确认,且说话者的寻求确认意图更为明显。

例(74)[菜市]
((小贩 Q 向蔬菜批发商 X 询问日常蔬菜供应情况))

1Q: → 今天有什蒙小菜哦^2？=有花菜唵？
2X: 有花菜,我的货阿米到。
 有花菜,(但是)我的货还没有到。
3Q: → 花菜是星期四阿是星期几到哦^2？
 花菜是周四还是周几有货啊？
4X: 星期四哒。
 星期四啦。
5Q: 好,那来了你喊我咯。
 那待会儿到货了你叫我一声。
6X: 好咯。

上例(74)中,Q 两次向 X 发起诱导性提问,目的在于从 X 处获取对"蔬菜供应种类和时间"两个重要信息的确认。从话轮1、3中可见,Q 寻求确认意图相当明显,因为他仅提供一项参考,即"是否有花菜"和"周四是否有货"。这表明 Q 主观上对蔬菜供应的种类和时间持有一定程度的确信,但仍然期待得到信息发布权威方 X 的进一步确认。

下例(75)情况与上述四例有所不同,该例中说话者对所言事物的主观确信程度有所减弱。

例(75)[超市]
((A3 和 M 议论亲戚 PJ 不愿意继续外出打工))

1A3: PJ 啦,到底下打工,搞得那蒙好,混得那蒙好。
 PJ 在沿海城市打工,干得非常出色。
2M: °嗯°。
3A3: 到屋里。=

第 6 章　话轮组织标记：句末语气词"哦"

```
                在家里。
4M：      ＝又米想去了。
             又不想去（打工）了。
5A3：    °米肯°＿坐到屋里米想去了。
             不愿意去＿待在家里不想去了。
6：        (4.0)
7：        是的啦，你到底下，是米啦，混得那蒙好。
             是啊，你在沿海干得那么好，是不是嘛。
8：        (2.5)
9：        住的地方也好。
10：      (7.0)
11：      底下呔什蒙都有。
             打工的地方生活用品齐全。
12M：   ((咳嗽))
13A3：  洗衣机啊，冰箱啊。
14M： →都阿到底下哦²？
             （这些家电）都还在工厂宿舍里啊？
15A3：  嗯::洗衣机卖了。电磁炉啊，空调啊，什蒙都有，清清场场。
                                                     所有家电齐全。
```

上例（75）中，A3 告诉 M，"PJ 在沿海打工干得出色，且生活条件不错，宿舍中生活用品一应俱全"，M 据此推测"PJ 的生活用品仍留在宿舍"，并使用"哦"话轮就此向 A3 寻求确认。显然，M 主观上对在会话中临时所获信息的确信程度不及以上四例，从话轮 15 中 A3 的回应也可知，M 的推测确实存在些许偏差。该例进一步表明，寻求确认"哦"话轮随着说话者主观上对所言事物的确信程度变化，以动态的方式存在于说话者"非常确信"到"不确信"的中间地带，也就是说，语气词"哦"的功能是随着会话的展逐步浮现并发生变化的。

再来看寻求确认"哦"话轮位于应答位置的情况。通常面对他人询问不能予以确定答复时，2 调或轻声的"哦"出现在应答话轮末尾，用于构建话轮向任意会话参与者或潜在会话参与者⑥甚至是说话者自身寻求确认，同时传递出说话者不确信的语气。如下两例：

例(76) ［发廊］
((H 让助理 A 帮忙拿染发剂，期间另一助理 A1 加入会话))
1H: 你帮我把 2 号药水拿过来咯。
2A: 好。
3: (5.5)
4H: 2 号药水阿有好多？
2 号药水还剩下多少？
5A: → 好像米有好多了哦²。
好像没有多少了吧。
6A1: 2 号药水阿有唉。到那柜子后头，那些蓝瓶瓶的都是的。
2 号药水还有呢。柜子后面那些是蓝色瓶装的都是。
7A: 哦²，是的。

上例(76)中，面对 H 话轮 4 的询问，A 无法给出确定答案，因此他通过模糊限制语"好像"和语气词"哦"传递出不确定语气，同时运用寻求确认"哦"话轮向任意会话参与者或可能参与者寻求确认。话轮 6 中，A1 自选成为下一说话者，对 A 予以否定回应。

例(77) ［其他］
((M 路遇好友 HJ，HJ 告诉 M 近期本地电视台将举办"阳光宝宝"比赛))
1HJ: 跟你讲咯，这几天有个"阳光宝宝"比赛啦。你跟 A2 讲，喊她引她屋孙去唉。
跟你说个事儿，最近要举办一个"阳光宝宝"的比赛。你告诉 A2，让她带着孙女去参加嘛。
2M: "阳光宝宝"是哪里搞的啦？
"阳光宝宝"比赛的主办方是哪儿呢？
3HJ: → 好像 (2.5) 吉首电视台搞的哦。
好像是吉首电视台举办的吧。
4M: 到哪里搞唉？

| 5HJ： | 举办地点在哪儿呢？
到商业城广场嘛。 |

上例(77)中，面对 M 的第一次提问，HJ 使用模糊限制语"好像"表示后续内容为主观上不太确信，2.5 秒的停顿思索也反映出她在说话过程中，对所言信心不足而造成的不连贯。由于该例中会话参与者仅有 M 和 HJ 二人，不具备潜在会话参与者的加入，因此"哦"话轮带有 HJ 向自己寻求确认的意味，即"是不是吉首电视台举办的呢？"

• 6.3.3 不确信义"哦"话轮组织功能：有疑询问话轮

黄萍（2014：70）根据是否"寻求信息"的标准，将询问分为"有疑询问"和"无疑询问"。"有疑询问"是说话者希望从受话者那里得到自己需要的信息，是直接言语行为，呈现"提问"的直接意向，此时问话的句法结构与其功能保持着一致的关系。如前所述，携带不确信义的"哦"位于主观连续统的最右端，体现说话者对事物的完全不确信甚至未知状态。因此此类 2 调句末"哦"帮助说话者构建"有疑询问话轮"，其话语功效主要是获取信息。如下例(78)：

例(78)［超市］
((CJ 向 R 询问音乐播放器"I-touch"的相关情况))
1CJ：→ ((拿着 R 的播放器)) 这是什蒙哦^2？
2R： 我的 %I-touch%。
3CJ：→ 什蒙 %I-touch% 哦^2？
4R： 就是苹果的 MP3 啦。
5CJ：→ 米可以打电话哦^2？
不能打电话吧？
6R： 只可以听歌、玩游戏。
((CJ 继续询问 I-touch 的使用情况))

上例(78)中，2 调的句末"哦"总共出现 3 次，且都位于自发话轮序列位置。其中前两处"哦"帮助 CJ 实现构建存疑询问话轮，获取所需信息的目的。"哦"话轮 5 则属于"寻求确认"话轮，它是 CJ 基于所获信息——"I-touch 是苹果公司出品的一款 MP3 播放器"后，进一步对其"是否具备通话功能"寻求确认的行为。该例同时还展现了交际互动过程中，随着会话参与者不同的交际目标，句末语气词"哦"话语功能的动态变化过程。

• 6.3.4 小结

互动语言学理论对语言研究的一个重要启示是：研究者有必要对口语交互中高频出现的语言结构有一个全新认识，以便更好地描述和解释它们在日常交互中的功能。本节对吉首方言句末语气词"哦"的分析再次证实了互动语言学这一研究理念。

吉首方言句末"哦"是一个使用频率相当高的语气词，在约 30 万字的自然口语语料中共出现 3896 次，平均每 77 字出现 1 次。口语交互中的高频效应让句末"哦"复杂多样的会话功能形成成为可能。对自然会话中的句末"哦"进一步分析后发现，它实际上是一个话轮组织标记，其会话功能具体表现为：

（1）确信义"哦"帮助说话者构建引发、延续、终结和挑战话轮。从萨克斯等人（Sacks，1998）提出的话轮三种基本功能来看，句末语气词"哦"又起到引起下一话轮，索引答话（引发、延续）、实现当前话轮目标（终结）和表明与前一话轮的关系（挑战）的作用。若从口语语篇连贯的视角出发，确信义"哦"话轮的前后话题又具有连贯性或关联性，它帮助会话参与者将会话交互顺利向前推进。

（2）过渡义"哦"具备构建寻求确认话轮功能。说话者发起寻求确认话轮时，主观上虽对所求证之物存有一定程度的确信，但他们更期望从其他会话参与者或潜在会话参与者处得到进一步证实，此举也将后者置于"信息发布权威位置"。这一功能实际上体现了句末语气词"哦"的言谈互动功能，相较于确信义"哦"，过渡义"哦"反映出更强的人际交互功能。

（3）不确信义"哦"则参与构建有疑问话轮。有疑问话轮主要用于说话者从受话者处获取信息，呈现向受话者"提问"的直接意向，此处语气词"哦"的人际交互功能进一步强化。

作为话轮组织标记，句末语气词"哦"一方面在话轮构建中扮演举足轻重的角色，帮助会话参与者实现不同会话功能；另一方面，它又在很大程度上展示了会话是如何在交互双方或多方的"协商"中有规律地合理向前发展的。如具有引发下一相关话轮功能的 4 调句末"哦"就表明说话者需要以特定的话题展开会话，以掌控会话的方向，引发特定的答话或信息，最终实现自身话语权力的强化；2 调或轻声的句末"哦"则构成寻求确认或有疑问问话轮，表示说话者将话语权力部分或全部转让给受话者，并以此方式推进会话交互。

本节指出吉首方言句末"哦"实际上是一个话轮组织标记，而非单纯的句末语气词，这是在互动语言学框架下，对句末语气词"哦"得出的全新认识。接下来，我们基于互动语言学理念，从主观性视角出发，进一步系统论证句末"哦"不同会话功能与说话者主观确信程度、语调选择和情感立场表达三个层面上的互动关系。

6.4 句末"哦"的主观性分析

"主观性（subjectivity）"是指语言的一种特性，即在话语中多多少少总是含有说话者"自我"的表现成分。也就是说，说话者在说出一段话的同时表明自己对这段话的立场、态度和感情，从而在话语中留下自我的印记（Lyons，1977：739，转引自沈家煊，2001：268）。本节从主观性的角度考察句末语气词"哦"，发现其话轮组织功能与说话者主观性存在互动关系。具体来说，句末语气词"哦"的会话功能与说话者对事物或命题的主观确信程度、语调选择和情感立场表达三个层面存在互动①。

• 6.4.1 "哦"的会话功能与说话者主观确信程度互动实现

句末语气词"哦"的话轮组织功能主要源于说话者主观上对事物或命题的确信程度，即确信、不太确信、不确信，它们依次存在于主观性连续统上。这表明句末"哦"的各种用法之间是一脉相承，有迹可循的。

首先，携带确信义的"哦"位于主观性连续统最左侧，它帮助说话者构建引发、延续、终结和挑战话轮，同时传达出说话者对事件或命题的主观态度。从语言使用者的心理和旨趣来说，当说话者主观上对某一命题或事物十分确信时，他们往往倾向于以此为主题发起会话，确保能够有效组织会话进程和调控内容。换言之，说话者在组织此类会话时，他们通常扮演"引发者"(如引发、延续话轮)与"设定者"(如终结话轮)的双重角色,旨在主导会话,并以此来强化话语权利。本章的这一发现又与邢福义先生(1988)提出的"主观视点"理论中的一些思想不谋而合。邢先生指出,话题的展开必然带上或多或少的主观性,从说话者心理感觉和情感流露方面看,被突出、选择的话题都是说话者感觉真实可信或异常的事物。同样是出于主观上的确信,说话者在面对相异于自己的观点或看法时,又会以提出质疑、纠正、直接否定甚至詈骂的方式来实现挑战行为。此举的目的在于说话者将自己的观点和建议作为对方的关注点,表现出一定的"交互主观性(intersubjectivity)"[①]。

其次,处于确信义与不确信义连续统中间地带的过渡义"哦"具备构成"寻求确认"话轮功能。"寻求确认"作为一种特殊的言语行为,实际上就是说话者在主观确信和不确信之间摆动的外在体现。从说话者心理来看,当他们对所言事物不太确信时,通常会向他人进行求证。但基于说话者对所求证之物存有一定程度的确信,因此他们的求证行为又有着明确的主观意图,即期望自己的观点和看法获得其他会话参与者的证实。显然,旨在引发会话参与者或潜在参与者回应的寻求确认"哦"话轮具有较强的交互主观性。

最后是位于主观性连续统最右边的不确信义"哦",它标示说话者对事物处于不确信或未知状态。不确信"哦"参与构建有疑问话话轮,呈现向受话者"提问"的直接意向。此类"哦"话轮主要用于说话者从受话者处获得信息,体现了强烈的交互主观性。

• 6.4.2 "哦"的会话功能与说话者不同语调互动实现[②]

于康(1996:27)认为,说话者的主观性除了由句子整体的语气来表现外,还可以由词和语调来表现;杨彩梅(2007)也持类似观点,她指出音调调节是主观性实现的重要手段之一。就本研究所收集的语料来看,吉首方言句末"哦"主要有三种语调模式:4调、2调和轻声[③],且不同语调的句末"哦"与其会话功能实现也存在互动关系。

首先来看4调的句末"哦"。前人研究(Local, 1996; Gardner, 1997, 2001; Wu, 2004; Li, 2012 等)以英语语气词"oh""mm",台湾汉语句末"啊""哦"及汉语普通话句末"啊""呢"为对象,对其语调与功能间互动关系展开探讨。学者们一致认为,语调为降调[④]的语气词能够帮助说话者传递出"赞同""理解"和"确信"等积极主观感受。反观本研究,除构成挑战话轮的句末"哦"为2调或轻声外,其余由确信义衍生的引发、延续和终结话轮句末"哦"均为4调,且多数为重读,这表明吉首方言句末"哦"的语调与会话功能实现和前人发现基本吻合。在此基础上,本文进一步指出,4调"哦"从听觉上给听者以稳健的主观感受,加之说话者常常采用重读的形式,使得稳重的程度随之加深,最终帮助说话者传递出十分确信的意味。另外,互动语言学理念下的最新韵律研究(Cristel Portes et.al,2014)还发现,主观情绪的表达一方面依赖于说话者所赋予语言结构的韵律,另一方面也要依赖于受话者的想象。也就是说,只有受话者的积极想象,才能在其大脑中呈现出说话者"信心满满"的生动鲜明意象。据此我们推测,说话者用4调的句末"哦"给受话者一个暗示,促使他们主动体验,展开想象,从而大大提高主观确信的传递效果。

同样是携带说话者主观确信义的句末"哦",由于其建构的"挑战话轮"涉及不赞同甚至反驳的不礼貌行为,因此说话者选择音强上明显弱于4调的2调或轻声,目的是从听觉和心理上留给受话者相对模糊的意象,削弱挑战或质疑行为带来的"消极面子"损害;至于过渡义和不确信义"哦"构建"寻求确认"与"有疑询问"话轮时,说话者选择2调或轻声就很好解释:从说话者角度看,主观上对所述内容"不太确信或是完全不确信"导致他们言谈"底气不足",在语调上就直接体现为音强较弱的2调甚至轻声;而从参与者双方来看,当说话者向受话者实施"寻求确认"或"索取信息"等直接言语行为时,他是冒着可能被拒绝而"积极面子"受损或索要回答而造成对方"消极面子"受损的风险(Brown & Levinson,1987:70)。因此2调或轻声的使用从音强角度减少了对会话参与者造成的负面影响,尽量挽救可能受损的双方面子。

总之,句末语气词"哦"的会话功能与语调的互动一方面表明,会话交际是礼貌功能表现的重要场所之一,语气词的语调特征会受到礼貌原则的制约和驱动;更为重要的是,互动语言学的"互动"理念再次得到证实:语气词"哦"的不同语调形式与会话功能并非是某种既定规则的产物,而是在会话过程中,从二者间的互动中"浮现"并不断变化的。

6.4.3 "哦"的会话功能与说话者情感表达互动实现

说话者在进行交互言谈时,必然带上或多或少的情绪,这也是一种来自主观心态的表述,属于说话者自然流露的、对他人或事物的主观感受。研究发现,句末语气词"哦"在实现会话功能的同时,还传递出说话者惊奇、抱怨甚至是讽刺的情绪。如下例(79)中,2调的句末"哦"话轮在实现挑战前一说话者功能的同时,传递出说话者的惊奇情绪:

例(79) [家庭]
((M 告诉 F,好友 W 的儿媳在超市购买了大量香烟,二人对此事感到非常意外))

1M: 那条什蒙 W 的媳妇也好咦,你莫讲。买一件烟,买 50 条啦!=
W 的儿媳人挺好,你还别说。(她)买了一整箱足足 50 条的香烟呢!

2F: =搞什蒙啊?
(她准备)干什么啊?

3M: 送她老公公吃。
买给她公公抽。

4F: 嗯。

5M: 买一箱烟。

6F: → 跟哪个哦²?
给谁买的啊?

7M: 跟 W 屋老板。
给 W 的丈夫。

8F: 跟 W 屋老板唆?
给 W 的丈夫吗?

9M: °嗯。°

10F: W 讲她老板米吃烟的。
W 说她丈夫不抽烟的。

11M: 那条才有味咯,她屋媳妇买一箱烟,帮她老板。
W 的儿媳(做事)真有意思,给她公公买了整整一箱烟。

上例(79)中，M告诉F，好友W的儿媳购买了一整箱香烟送给W的丈夫（话轮1~5），F对此感到十分意外，并通过"哦"话轮以挑战前述内容的形式流露出惊奇情绪。随后的话轮7~8中，当M再次表明是给"W的丈夫买烟"时，F使用一个回声问（echo question）表达了怀疑（Noh，1995）。从话轮10中可知，F其实早已经从W处得知其丈夫并不抽烟，这说明"儿媳给W丈夫买香烟"与F的主观认识完全不符，从而证实了话轮6实为一个挑战话轮，同时传递出F惊奇情绪。

挑战"哦"话轮还可以传递出说话者对所述事物的抱怨情绪。如以下两例：

例(80) ［茶馆］

((J认为将一套名牌护肤品低价转卖给T是仗义行为，但T却对此予以否认))

1J： "Vichy"((护肤品牌)) 250 一套卖她((指T))，阿遭她骂死来了，阿只用了半个月。

（我）以250元的价格将一套"Vichy"转卖给她，反倒被她骂个半死，（我）只用了半个月。

2T： 什蒙东西？

3J： 我讲上派儿卖你那"Vichy"。

我说上次卖给你的那套"Vichy"。

4T：→ 什蒙东西哦²？

（你胡说些）什么啊？

5J： 哎哟，那蒙便宜卖给她，她阿米满意哓。

那么便宜的价格卖给她，她还不满意呢。

6T： 哎哟，我难得和你讲。现在空口无凭，随你若个讲。

我懒得跟你说。现在（我）空口无凭，随你怎么说。

7R： ((笑))

上例(80)中，J首先对自己低价转卖护肤品给T反遭责备表示不满（话轮1~3），随后T同样对J的说法提出质疑和抱怨（话轮4）。试比较话轮2和4：前者是一个"真性问"，即T要求J澄清所述内容；后者是相同的话语内容加上2调句末"哦"后变为无疑而问的"挑战话轮",并传达出对受话者的抱怨。语气词"哦"的"即席"和"离席"产生的不同话语功能充分说明了"哦"本身在情感立场标示中的重要作用,而J的两次不同回答又从受话者角度证实了句末"哦"得抱怨情绪标示功能。另外,话轮7中另一会话参与者R的笑声也再次证明了整个会话交互中的抱怨基调[⑧]。

再来看下例(81),与例(80)一样,该例中的"哦"话轮标示了说话者抱怨的情感立场,但与之不同的是,该例中的抱怨情绪明显更为强烈。

例(81)〔超市〕
((M向R和A1抱怨丈夫的不体贴))

1M: ((问R))白天你爸到屋里头搞什蒙哒?
你爸爸白天都在家做些什么呢?

2: (1.0)

3R: 到屋里搞饭啊,睡觉啊,修摩托啊。
在家做饭啊,睡觉啊,修摩托车啊。

4: (3.0)

5M: 他一天困饱了,<u>早早条起了</u>,你这些人就困不着了。
他白天在家休息够了,(第二天)一大早就起床了,(然后吵得)我就睡不着了。

6: (1.0)((转向A1))

7: 我们得几个钟头困啦?你看,回去洗澡了都<u>11点钟了</u>,12点来了。
我们每天的睡眠时间能有几小时啊?你看,(我)回到家洗完澡都11点多,快12点了。

8A1: → 我呔^2:洗个澡都12点钟了。
我啊,回家洗完澡就12点了。

9M: 他阿有两条雀儿,一边一条,"哇::哇::哇::",<u>才烦咯</u>。
他((指丈夫))还养了两只宠物鸟,一间房挂一只,(每天早上)哇哇大叫,烦死人啦。

10A1: ((笑))你把它甩出去!((笑))你喊他莫挂到那里唉。
你把鸟扔出去!你让他别挂在房间里呀。

11: (2.0)

12M： → 他哪里理你那蒙多哦²。
　　　　他才不会管我呢。

上例(81)中，M 主要通过句末"哦"和视角转换的方式传递出对丈夫不体贴的抱怨情绪。话轮 5 中，M 首次进行视角转换，由第一人称转为第二人称，将"我"说成"你"，拉远自己与所述事物的距离（Abney，1996），表明丈夫的行为令她不悦，其抱怨之情初现端倪。随后 A1 话轮 10 中的玩笑则成为 M 情绪爆发的"导火索"，她再次进行视角转换，并最终通过疑问词"哪里"+句末"哦"形成反问口气的挑战话轮流露出强烈的抱怨情绪⑤。值得注意的是，该例话轮 8 中还出现了句中语气词"呔"，作为负面情感立场标记的"呔"和"哦"的共现一方面展现了整个会话强烈的抱怨意味，另一方面还证实"哦"在说话者抱怨情绪标示中的重要作用⑥。

"哦"话轮有时候还能够标示出说话者对会话参与者的讽刺情绪，且"哦"的此种功能具有显著的语境性，在口语会话中并不常见，如下例(82)：

例(82) [茶馆]
((J、T、R 三人聊及 T 的新鞋))
1T：　我昨天才买的新鞋子，好看曼？
　　　　　　　　好看吗？
2R：　好好看。((笑))
3T：　你们莫踩错我鞋子啦。((笑))
　　　你们别踩到我的鞋子啊。
4J：　*哪个会踩到你鞋子啦。*((*笑*))
　　　　没人会踩到你的鞋子呢。
5R：→ 踩到你脚哦。
　　　会（直接）踩到你的脚上。
((J、T、R 三人大笑))

上例(82)中，T 在话轮 3 中用玩笑口吻让 J 和 R 不要踩到她的新鞋，二者同时领会到 J 的玩笑意味：J 在笑声中回应"没人会踩到你的鞋子"，R

则进一步用挑战"哦"话轮表达出"我们不仅会踩到你的鞋子,还会直接踩到你的脚上"的反讽情绪,而三人开怀大笑表明彼此间都感受到讽刺意味,对话以轻松的方式结束。

另据定量统计结果,口语语料中"哦"的该种用法共出现67次,仅占总数的1.7%,且绝大多数出现于诸如以上两例的好友交谈中,这说明它的使用有着显著的语境特点。本研究认为,这种看似讽刺对方的话语行为实为一种亲密朋友间的调侃和玩笑,是对等社会关系间的气氛调味剂,一旦出现于其他场合,如后辈与长辈,学生与老师或下属与上司等有明显社会距离或不熟悉的人之间,就有可能破坏人际和谐,引发冲突性话语。如下例(83)就是"哦"话轮引发冲突性话语的一个极端例子。该例中的挑战"哦"话轮带有强烈的讽刺意味,且发生在陌生人之间,因此言语冲突在所难免:

例(83)［其他］
((春节期间,打印店老板B向顾客C漫天要价))
1C: 　　老板,复印好多钱一张?
　　　　老板,复印多少钱一页?
2B: 　　复印5块。
3: 　　　(1.0)
4C:→　　5块?
5B: 　　是的,过年都是这蒙的。
　　　　是的,过年期间都是这个价。
6C:→　　你阿50哦^2。(言外之意:我不仅要给你5元,我还要给你50元。)
7B: 　　你米印算了,我阿难得搞。
　　　　你不复印就算了,我还懒得做你的生意。
8C: 　　((C边走出店门边说))抢钱哦^2。(言外之意:你这样不是在做生意,而是抢劫。)

综上各例可知,2调或轻声的句末"哦"构成的挑战话轮同时传递说话者惊奇、抱怨和讽刺的主观情感,这表明会话功能与主观情感立场表达间也存在互动。挑战"哦"话轮源自说话者面对相异于自己确信之事物时展开的一种质疑行为,而从认知心理学角度看(Solso, 2013),人类质疑的多为超出自身预期，且不理想之事，因此说话者的惊奇、抱怨甚至讥讽的情绪也就随之产生。

6.4.4 小结

本节研究发现，吉首方言句末"哦"实际上是一个话轮组织标记，其中确信义"哦"帮助说话者构建引发、延续、终结和挑战话轮，同时挑战话轮还传递出说话者惊奇、抱怨、讥讽的主观情感；过渡义和不确信义"哦"则分别参与构建寻求确认和存疑询问话轮。本节还基于"互动"理念，从主观性视角出发，进一步系统论证句末"哦"的不同会话功能与说话者主观确信程度、语调选择和情感立场表达三个层面上的互动关系。图6-1将句末语气词"哦"的6种会话功能置于说话者主观性连续统上，更为直观地描述了它们与说话者主观性的互动：

```
主观情感：      惊奇  抱怨  讥讽
   ↕            ↖ ↑ ↗
主观确信程度：    确信           不太确信         不确信
   ↕          ↙ ↓ ↓ ↘            ↓              ↓
会话功能：    引发 延续 终结 挑战话轮      寻求确认话轮      有疑询问话轮
             强主观性 → 交互主观性 → 较强交互主观性 → 强烈交互主观性
   ↕
语调选择：    4调    →    2调或轻声   →   2调或轻声   →   2调或轻声
```

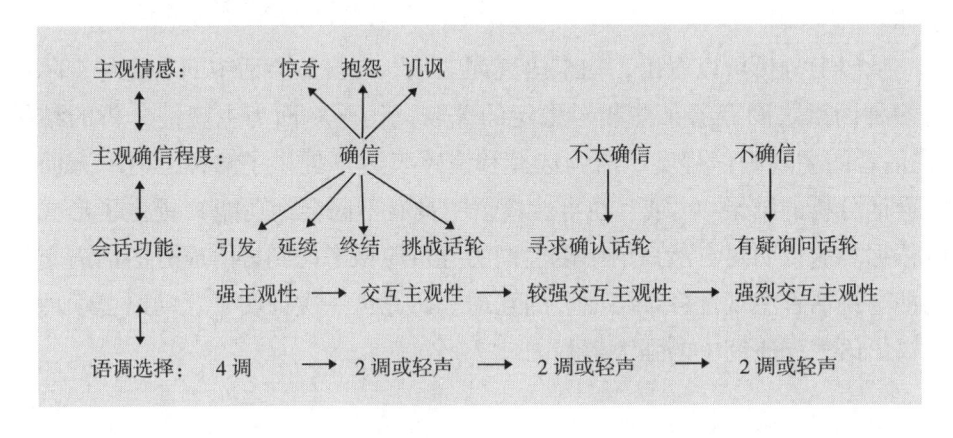

图6-1 句末语气词"哦"的主观性连续统

由上图6-1可以看出，句末语气词"哦"的会话功能与说话者的主观确信程度、语调选择和主观情感表达三个层面存在互动。值得注意的是，以上四个方面很多时候并不是截然分开的，它们以互为实现的方式形成一个紧密联系的整体，因而任何一方面的变化往往具有连锁效应，即某一要素的变化经常会引起另三个要素的变化，如句末"哦"的会话功能主要源于说话者的主观确信程度，但会话功能又不是被动地受制于说话者的主观确信程度，而是在日常会话交互中对说话者的主观认识产生反作用。

6.5 小结

本章对自然口语中的吉首方言句末语气词"哦"进行了全面、系统地分析。定量统计结果首先显示,句末"哦"在日常交际中有着极高的出现频率,加之它较为平均地分布于不同的场所中,这表明句末"哦"是吉首方言中一个极为普遍的语气词。结合语言使用中的"高频效应"原则,句末"哦"的高频运用为其功能的多样化形成提供基础。从定性分析结果看,句末语气词"哦"是一个话轮组织标记,它帮助说话者构建引发、延续、终结、挑战、寻求确认和有疑询问话轮,实现不同会话功能。本章还发现句末"哦"的会话功能与说话者主观性间存在互动关系,即会话功能的形成与说话者对事物或命题的确信程度、语调选择和情感立场表达三个层面存在互动,且四个方面并非截然分开,而是以互为实现的方式形成一个紧密联系的整体。

从以上分析可以看出,句末语气词"哦"在自然会话中的功能与交际中的多种因素之间有着某些相对稳定的关联,这一方面为主观性分析的结果(说话者的主观确信程度、语调选择和情感表达)提供了解释,另一方面也为会话分析的结果("哦"在自然口语中具有不同会话功能)提供了形式上的依据。这说明对自然口语中语气词的分析应该考虑到言语成分的话语交际功能与说话者主观性各个层面上的互动。研究再一次证实了互动语言学理论在汉语语气词研究中的强大解释力。

● 注释:

⑰ 在约 30 万字的口语语料库中,句末语气词"哦"总共出现 3896 次,出现比例高达 77∶1。另据陆镜光(Luke,1990)的研究统计,粤语方言句末小品词"哦"的平均出现频率为 150∶1,相比之下,吉首方言句末语气词"哦"的出现频率高出近 1 倍。有关句末语气词"哦"的定量统计分析详见本章 6.2 节。

⑱ 此处的语气词"哦"是构成感叹句式"好……哦"的一部分,属于无标记形式(Wu,2004:125)。

⑲ "游戏口吻"这一提法源自吕叔湘(2002:268-269),他认为将"啊"转为"哟"或"哦",句子就带有轻松、不郑重的意味,也可以说是游戏的口吻。

㉚ 张邱林（2013：87-88）认为汉语普通话句末"哦"的新兴用法主要来源于台湾汉语，且汉语方言广阔区域里存在语气助词"哦"的事实（如四川成都、贵州、广东番禺、云南丽江、江苏南京等地）也为其提供本地基础。他认为台湾汉语中的句末"哦"并没有明显的游戏口吻，而进入汉语普通话后，受到港台语言文化背景和淘宝体网络语境的影响，继而产生出亲切、游戏口吻。这同时从一个侧面反映了年轻人对于语言使用上新潮、情调的追求，而在本土语言环境里使用这种新潮、有情调的说法最终形成了"哦"亲切、游戏的口吻。

㉛ 根据陆镜光（Luke，1990）的观点，"认知空白"指的是说话者主观上认为所述内容是受话者意料之外或未知的，且在真实交际中，说话者传递信息对于受话者来说是否真正具有新闻价值或未知并不重要。

㉜ "过渡义"是相对于"确信义"和"不确信义"而言，它处在主观确信程度连续统的中间地带，表示说话人由确信到不确信的过渡阶段。另外，本文中的确信义是指主观上的完全确信，不确信义则表示完全不确信或未知状态，二者分别位于连续统的左右两端。

㉝ 值得注意的是，表"过渡义"的句末"哦"在本研究语料中仅出现了 196 例，约占总数的 5%。此义项的"哦"帮助说话者构建寻求确认话轮（见本章第 3 节），而吴瑞娟（Wu，2004）的研究显示，帮助说话者构建寻求确认话轮是句末小品词"哦"的核心功能之一，由此也反映出吉首方言句末"哦"与汉语句末"哦"存在明显区别。

㉞ 句末"哦"的音调与其功能实现之间存在互动关系，相关讨论详见 5.5。

㉟ 学界虽对"其实"的功能存在争议，但在其主观性表达上，大多数学者已达成共识，即"表达说话者对所言内容的主观确信和强调语气"（冯胜利，2008：1704；张谊生，2000；朱冠名，2002；杨荣祥，2005；姚双云；2012 等）。

㊱ Sacks 等人（1998）指出，一个话轮往往具有三种功能：表明与前一话轮的关系、实现当前话轮的目的或任务、引起下一话轮（转引自于国栋，2003）。

㊲ 2 调句末"哦"帮助说话者构建挑战话轮，相关讨论见本章 6.4.4 节。

㊳ 我们认为说话者用"哦"话轮引发下一相关话轮是一种基于"礼貌原则"的话语策略，目的在于尽量避免将自己的看法或观点强加于人。这一方面是为了维护受话者的负面面子，另一方面也是为了避免说话者可能遭到反对而受损的积极面子。因此，说话者用"哦"所发话题又可视作"话语前序列"（pre-sequence），起到试探会话推进可能性及方向之作用。但当受话者没有予以回应时，说话者则可能冒着双方面子受损的危险，以省略"哦"的直陈方式表达自己的看法或观点，这一有趣现象值得后续研究关注。

㊴ 定量统计结果显示，句末"哦"的话轮终结功能共计 703 次，其中有 485 例分布于超市、茶馆、商场及菜市四个场所中的服务人员与顾客间，约占总数的 70%。

㊵ 根据话轮转换规则，如果说话者未选定下一说话者，会话参与者包括原本没有参与会话的在场人员都可以自选成为下一个说话者，而原本没有参与会话者又被称为"潜在会话参与者"（参见黄衍，1987）。

㊶ 需要说明的是，主观性的三个层面互有交叉和联系，很难截然分开，本研究只是为了叙述方便大致对其进行区分。

㊷ "交互主观性"是指说话者用明确的语言形式表达对受话者"自我"的关注。交互主观性总是蕴涵着主观性，不可能存在没有某种主观性程度的交互主观性（姚双云，2012：166）。

㊸ 本节关于语调和语气词会话功能互动的讨论是否合理，尚需进一步研究，但合理与否并不影响我们对

二者间存在互动关系的看法。近年来，语用小品词韵律特征与其功能的互动关系研究重新获得学者们的关注（如 Li，2012；Wu，2014 等）。本文认为，在互动语言学框架下开展语气词韵律特征与其功能的互动研究将是未来研究的方向之一。

64 李启群（2006：250）研究发现，吉首方言句末语气词“哦”只念轻声，这样的结论明显与自然口语交际中句末语气词的实际情况不符。

65 本研究中的 4 调和 2 调分别相当于同类型研究中所标注的“降调”和“升调（或特殊语调）”，而本研究之所以采用此种标注完全出于研究需要。详情见第 3 章“转写规则”一节，此不赘。

66 会话参与者的“笑声”通常是诸如“抱怨”和“责备”等负面语境中缓和气氛的伴生物，相关讨论见本书第 5 章。

67 斯塔布斯（Stubbs，1986）指出，反问句是说话者表达强烈主观性的常见句法手段之一。

68 语气词共现的相关讨论见本文第 5 章，此不赘。

第7章 结语

7.1 研究发现

　　本研究基于自建多媒体口语语料库,以汉语自然会话中特点鲜明的句中语气词"哒"和使用频率极高的句末语气词"哦"为对象,在互动语言学理论和研究方法框架内,运用会话分析等手段讨论了两个不同位置的语气词在具体用例中的细微差别,总结出两个语气词的多种功能及其深层联系,并最终从理论层面上提出对汉语语气词的全新看法。具体来说,本研究主要有以下发现:

　　(1) 研究首先根据"韵律特征"和"句法位置"两个维度,将句中语气词"哒"分为无标记形式和有标记形式,然后分别考察了两种不同形式的语气词"哒"在自然口语中的功能及其扩展。研究显示,无标记"哒"通常构成说话者直接或间接传递核心信息的一部分,同时标示说话者抱怨和责备情感立场,有标记"哒"则标示说话者更为强烈的抱怨和责备情感立场。因此我们认为,句中语气词"哒"就是一个说话者"负面情感立场标记"。研究还发现,受到语言使用者心理认知和高频效应等因素影响,语气词"哒"在会话交互中还衍生出反讽、惊奇和同情等情感立场标示功能,但说话者抱怨和责备的情绪仍然不同程度地存在。最后,研究从更为宽泛的会话者参与者立场共建和分离的视角出发,发现语气词"哒"能够出现于一致性话语立场中,其功能是充当"同意标记"以帮助完成立场共建,并最终实现人际关系构建;当会话参与者表达分离立场时,语气词"哒"又分别出现在直接式和间接式立场分离中,它缓和了说话者的否定意味,从而最大限度地避免过于直接的立场分离表达。依照方梅(1994)对北京话句中语气词的功能研究,从信息传递角度出发,句中语气词"哒"实际上又是反映句子次要信息和重要信息划分的"主位——述位"结构的标志。本研究基于互动语言学理论，将句中语气词"哒"放在较大的语言片段——自然口语中，结合话语信息结构、序列位置、音调模式等因素来辨析其各种功能，进一步指出句中"哒"还是一个说话者情感立场标志，这是对句中小品词更为系统、全面的认识。

（2）不同于句中"哒"的独特性，句末语气词"哦"在汉语方言广阔区域及普通话里大量存在，因此本研究首先简要回顾了前人对台湾汉语（Wu,2004）、粤语方言（Luke, 1990）及汉语普通话（张邱林，2013）句末"哦"的研究，通过对上述几项相关研究的梳理，我们至少可以获得两点重要信息：①台湾汉语和粤语方言句末"哦"实际上是一个"提醒标记"，用于凸显说话者所述内容中的新闻价值或非常特征，以提请受话者注意。具体来说，处于应答话轮位置的"哦"通过标示会话参与者间存在的"认知分歧"来凸显所述事物的新闻价值；处于自发话轮位置的"哦"则以标示"认知空白"的方式实现对所述内容非常特征和新闻价值的凸显或提醒；②汉语普通话句末"哦"在很大程度上也是一个"提醒标记"，只不过是带有亲切或游戏口吻，且表示亲切或游戏口吻的新用法很可能蔓延进一些相对通用的方言中。将此三项研究结论与吉首方言句末"哦"展开初步对比后发现，相较于台湾汉语、粤语方言中句末"哦"的"提醒标记"功能，部分吉首方言句末"哦"虽然在形式甚至功能上与前三者有重叠之处，但更多的是表现出自身独特的用法，这些都表明吉首方言句末语气词"哦"仍有很大的研究空间。随后本研究从定量和定性两方面对句末"哦"进行了全面、系统地分析。定量统计结果显示，句末"哦"在日常交际中有着非常高的出现频率，这为其功能多样化的形成提供基础。从定性分析结果看，句末语气词"哦"是一个话轮组织标记，它帮助说话者构建引发、延续、终结、挑战、寻求确认和存疑询问话轮，实现不同会话功能。本研究还发现，句末"哦"的会话功能与说话者主观性间存在互动关系，即会话功能的形成与说话者对事物或命题的确信程度、语调选择和情感立场表达三个层面存在互动，且四个方面并非截然分开，而是以互为实现的方式构成一个紧密联系的整体。

7.2 研究结论

通过对汉语语气词"哒"和"哦"的讨论来回答本研究开篇所提出的两

个研究问题即为本研究所获结论，即（1）句中语气词"哒"和句末语气词"哦"究竟具有何种功能且多种功能之间存在何种深层关系？（2）如何从互动语言学理论视角出发对汉语语气词进行重新审视？

　　研究对于第一个问题的回答是：汉语语气词作为一个虚词，往往具有一个恒定的功能，该功能通过与韵律、句法、话语序列位置、会话参与者、交际目标及语境等多个层面上的互动后，又衍生出不同功能，但恒定功能仍然不同程度地存在。如本研究中的句中语气词"哒"从本质上说是一个说话者负面情感立场标记，它传递出说话者对所述事件所持的抱怨和责备立场。尽管在交际互动过程中，语气词"哒"还衍生出反讽、惊奇和同情等情感立场标示功能，并能帮助会话参与者实现立场共建和分离，但说话者抱怨和责备的情绪仍然不同程度地存在；源于说话者对事物或命题的确信程度，句末语气词"哦"充当一个话轮组织标记，帮助会话参与者实现不同会话功能，且句末"哦"的不同会话功能同时也与说话者主观性间存在互动关系，即会话功能的形成与说话者对事物或命题的确信程度、语调选择和情感立场表达三个层面存在互动，且四个方面并非截然分开，而是以互为实现的方式形成一个紧密联系的整体。

　　对于第二个问题，本研究从互动语言学视角出发，首先从理论层面上得出对汉语语气词的崭新认识，即"汉语语气词的具体义项、话语功能和句法结构以互为实现的方式形成一个紧密联系的整体，在会话互动过程中与话语序列位置、会话参与者的手势、身势、眼神、表情、所处时空、交际目标及语境等诸多因素产生互动而形成且不断被塑造。汉语语气词作为一种语言资源，同时又为交际参与者提供与同类协作管理、相互评价等工具，以保证会话交互的顺利推进"。如汉语语气词"哒"是一个负面情感立场标记，它的情感立场标示功能在会话交互中形成且不断发生变化，它同时又与其发生的语境间存在反身关系，即说话者用它来确立一个"立场框架"，为整个会话奠定负面评价的基调。句末语气词"哦"实际上是一个话轮组织标记，一方面它的功能在会话交互过程中，通过与说话者对事物或命题的主观确信程度、语调选择和情感立场表达三个层面的互动而形成并不断发生变化；另一方面，汉语语气词"哦"位于句末时，又将原本说话者的陈述话轮转化为具有交际互动功能的会话结构，如引发、延续、终结和挑战、寻求确认和有疑问问话轮等。

7.3 本项研究对汉语语法研究的启示

本项研究基于崭新的互动语言学理论框架,从微观层面对汉语自然会话中的句中语气词"哒"和句末语气词"哦"展开实证分析,并基于微观研究结论进行了汉语语气词的理论总结,相较于传统的语气词研究,本研究有一些新的收获和发现。可以说,本研究搭建的互动语言学框架在汉语研究中具有一定的效力。接下来,我们将尝试从宏观层面,探索互动语言学对汉语语法研究的启示。

我们知道,中国语言学传统上并无语法学这一研究领域,汉语语法学肇始于清末《马氏文通》,迄今仅百余年。在学科草创时期,运用西方语言学理论和方法来研究汉语,建立相应语法理论体系不失为权宜之计,但将汉语语法现象诉诸印欧语理论,这一方法论上的局限性却严重制约了汉语语法研究发展的高度和速度。近十几年来,尽管基于汉语事实做出的理论思考逐渐浮现并显示出巨大潜力(如冯胜利,2000;刘丹青,2011;袁毓林,2014;宋作艳,2015;沈家煊,2016 等),但汉语语法研究"迁就西方理论有余而原创不足"的全貌并未获根本性改观。如何完成方法论的转变,进而催生中国特色汉语语法体系俨然已成为当代中国语言学界亟待解决的重大课题,这也是语言工作者在中国特色哲学科学建构中所要肩负的责任。诚然,学科方法论转变任重道远,而遵循"吸收外来,不忘本来"的思路,着力于探寻国际语言学界理论前沿与汉语语法研究的结合理应成为我们前进之起点。

进入 21 世纪以来,语言学理论的宏观图景发生了深刻的变化。主流语言学理论已从传统的规定主义,经过了结构主义、转换—生成语法等基于规则(Rule-based)的语言理论,目前已进入以功能—认知为主要代表的基于用法(Usage-based)的语言理论时代(武和平 王晶,2016:1)。基于用法的语言理论又被称为"基于用法的语言模型(Usage-based Language Model)"(Langacker, 2000),萌芽于 20 世纪 70 年代研究者对语言的社会属性、交际功能和言谈环境的关注,是具有"认知—功能"取向的语言学流派研究范式之统称,其核心理念可概括为:交际为语言存在之根本目的,语法作为人们实施特定交际目标的一种语言资源或语言能力,其形式和意义必然在交际中形成、变化。基于用法的语言理论从语言使用视角对语言本质和结构的重新认识势必引发语言研究长期秉持的、基于规则的静态语法观的深刻转变。

受到以布拉格学派（the Prague School）为代表的欧洲功能语法学派影响，早期的语法研究者多有美洲土著语言的田野调查经验，他们多使用大规模语料库寻找高频的语法模式，其语法观可概括为：语言使用者说得多的，语法才能编码得好。近年来兴起的语言理论，如认知语言学视语法为语言使用体验过程中人脑对语言意义的认知组织和符号化，语言形式源于意义、模仿意义，语法差异由语义差异决定（Haiman，1985；Bybee，2006）；功能语言学认为语法是人类经验的理论概括和抽象，并通过不同形式创造出情景化意义以实现语言交际功能（Halldiday，2003：40）；概率语言学研究则视概率论为语言理论的核心，强调语言的本质是概率性的，认知和作为它一部分的语法都是概率现象，因此对语言事件合法与否的判断必须诉诸大量的语言事实（Bob & Jannedy 2003）。不同学派在语法研究理念和方法上虽各有侧重，但均体现出"语法即用法"的动态语法观。

我们以此为契机，首先揭示了功能主义语言学派力推的互动语言学研究与汉语语法研究所体现出的科学方法论上的共同特征，即基于用法研究范式和动态语法观，并进一步从研究视角、研究方法和研究目标三个维度构建互动语言学理论方法体系，从而为汉语语法研究可能进路提供一种方法论上的借鉴。

（一）互动语言学研究范式及其语法观

作为功能主义语言学派近年来着力推进的研究领域和重要发展方向，互动语言学（interactional linguistics）吸收会话分析、功能语言学以及人类语言学等人文社会科学理论精髓和研究方法而形成并发展⑥，其核心研究理念是：语言结构塑造与交际互动的运作之间有一种天然的互育关系，对语言结构的了解必须回归社会交际互动这一语言最原本的自然栖息地。换言之，互动语言学强调语义、功能和句法结构在交际互动过程中的浮现和变化，其研究范式及语法观是对功能学派基于用法的研究理念的继承和进一步发展。

1. 互动语言学研究范式

互动语言学研究既关注交际—社会因素对真实的语言产品产生的影响；又汲取了会话分析学派的观察视角，强调以自然口语对话为研究对象；重视交际形态和会话组织结构对编码和理解的影响；关注交际—社会因素对言谈过程的制约作用。互动语言学强调通过对言谈参与者的话轮构建和会话序列的构建，观察分析言谈的在线生成过程，揭示语言规律，解释语言结构的形成动因和使用规律。因此,互动语言学研究不仅要看交谈双方说了什么、怎么说,还要从互动交际的角度来解释为什么这么说。有关互动语言学基于用法的研究范式,沈家煊先生(2016)也有非常通俗的解释。他认为语言不仅指说的话,还指说话本身,指说话行为。说还是不说,这么说还是那么说,现在说还是以后说,在什么场合什么心态下说。这都是语言研究的重要问题。说话很少是自言自语,至少是两个人对着说,所以说话就是交谈者之间的"互动"。语言共性何处求,不在语法在用法。而重要的用法就是交谈者之间的"互动法"。

2. 互动语言学语法观

互动语言学强调动态语法观,即语法不只是言语交际中需要遵守的组词成句的结构规则的静态反映,而是人们实施特定交际目标的一种语言资源或语言能力,其形式和意义由说话者和受话者在互动过程中共建。动态语法观最早由奥克斯、谢格洛夫和汤普森于1996年主编的论文集《互动与语法》中提出。三位主编将动态语法观细化为三种情况,即语法为互动(for interaction),语法在互动(in interaction)和语法是互动(as interaction)。《语用学》期刊2014年专刊——《面向互动语言学的语法研究》则展现了基于互动语言学的语法研究及最新观点。专刊主编劳里、埃特马拉基和库柏-库伦认为,尽管学者们所使用的语法理论不同,但三种动态语法观仍清晰可见:话语功能语法和构式语法研究承认有语法的存在,语法为互动所塑造,是为互动的语法;浮现语法和在线句法研究将语法视作互动的一种产出物,是在互动的语法;而基于社会行为结构的研究将语法视作互动的一种形式,则是互动的语法。

总之,面向互动语言学的语法研究首先应建立在语言使用基础之上,交际互动作为语言存在之第一要任,又必然成为语法形式选择的动机和理据。再者,互动语言学研究还要充分关注语法的互动性,探讨语法的在线生成现象及其影响因素,同时关注交际类型对表达形式的塑造,探讨不同语体功能类型的语法表达差异。

(二)汉语语法研究范式及其语法观

1. 汉语语法研究范式

众所周知,汉语是一种形态特征很不发达的分析性语言,许多在印欧语言中分别由各类实词屈折形式承担的语法任务,在汉语中往往要借助于助词、副词、语气词、标记词乃至方位词、趋向词等各种虚词和准虚词来完成。由于缺少表面的句法形态，汉语语法研究在很大程度上是对用法的描写和解释。这种基于用法的研究范式贯穿于吕叔湘先生、赵元任先生和朱德熙先生的一系列汉语语法著述中。吕叔湘先生（1992）指出，语法研究可以从两方面展开：一是它在语句结构里的地位，如语法单位、句子或短语成分及跟它后成分的关系等等。另一方面是它出现的条件，如何种情况能用或非用不可、何种情况之下不能用或必得用在某一别的成分之前或之后等等。前者是理论研究，后者属用法研究。语法研究该采取何种形式取决于语言事实。可能某一种语法形式在用法上没有多大讲究，在理论上很值得讨论；也可能有一种语法形式在理论上没有多少可讨论，可是在用法上很讲究。吕叔湘先生认为汉语语法研究属于用法研究，但还没有得到应有的重视。赵元任先生（1979）和朱德熙先生（1982）则强调口语语法研究是汉语研究的一个重要课题，他们鼓励研究人员作口语调查，使用转写材料进行汉语语法研究。因为对于语法分析至关重要的语调、重音、停顿等等，在书面材料里无可依据，非拿口语来研究不可。

2. 汉语语法研究语法观

得益于诸贤的大力倡导，汉语学界从20世纪60年代开始就从交际互动的视角研究汉语语法问题，这些研究无不凸显出汉语语法研究所秉持的动态语法观。如赵元任（1968）、吕叔湘（1979）和沈家煊（2016）等就强调以语言的交际使用为前提，从动态视角出发来讨论汉语中的语法现象。三位学者认为汉语口语会话中普遍存在的主语和谓语，话题和说明，零句和整句等现象实际上由相邻话对的"问"与"答"相连构成，应被视作一种动态语法结构。再比如，学界对汉语句子成分易位现象的认识从传统的"倒装句"到赵元任（1968）的"追补"，再到陆俭明（1980）的易位句，一直到陆镜光（2005）提出的"延伸句"，汉语语言学家越来越重视将句子的构建与真实的会话序列中话轮的构建联系起来，进而从动态交际过程的视角来认识汉语的句子。还有的学者利用言谈会话材料来解释一些句法结构或某类词语的使用规律和演变动因，像陶红印（2003）从语音、语法和话语特征的角度分析"知道"格式在自然言谈中的演化规律，从互动的角度揭示了语法的动态性质。方梅（2012）从会话的序列结构角度讨论了交际互动中连词的使用情况，着力论证了连词的浮现意义和话语标记功能产生的根本动因。张伯江

(2016)讨论了在言谈交际中，语言解码者在言语理解时对编码者主观意图不准确解读现象，强调不同的语用倾向会导致不同的句法—语义选择。

综上可见，汉语语法研究与互动语言学研究在科学方法论上存在共性，即基于用法的研究范式和动态语法观，据此本文进一步从研究视角、研究方法和研究目标三个维度为汉语语法研究构建互动语言学理论方法体系，从而为汉语语法研究可能进路提供一种方法论上的借鉴。

（三）汉语语法研究的互动语言学理论方法体系构建

1. 研究视角

互动语言学为汉语语法研究提供互动分析视角，主张分析语法现象时，应注意语义、功能和句法间的互动性，且三者均在真实交际中浮现并不断变化。互动分析视角的形成实际上是互动语言学研究对结构语法和生成语法忽视语言实际使用的反思。对于在会话交互中表现出功能多样性的汉语用法型语言来说，互动分析新视角无疑能在很大程度上帮助研究者较为深刻、透彻地窥视汉语语法机制的运作规律。

2. 研究方法

互动语言学倡导采用"基于自然口语语料"的会话分析方法，对所收集的日常互动言谈录音或录像进行精准转写和细致分析。相较于传统的内省法和诱导法，会话分析法在汉语语法研究中具有独特优势，它帮助研究者摒弃单纯的语感和直觉，转而通过"下一话轮证明程序"的方式来获取更为客观、可信度更高的研究结论。"下一话轮证明程序"作为会话分析采用的基本方式，是通过对某一语句或者行为的后续语句或行为的分析来寻求会话参与者对前一交际者的行为的理解。刘运同（2002）认为该方法可以保证会话分析找出的会话中的有规律的特征是由于会话参与者受到规则的引导而成就的，而不是仅仅建立在分析者的假设上面。以汉语中功能多样且使用广泛的语气词为例，虽然其一直是汉语语法研究的重点和热点，但对于同一语气词，学者们所获结论往往各不相同甚至大相径庭[①]，而基于互动语言学的会话分析方法却能成为语气词研究最为倚重和有效的分析手段。如下例(84)[②]：

例(84)((A 和 B 谈论小吃"*bi-ke*"制作补习班))

1A：补什么 _*bi-ke* 啊，有补习班。

2B：有补习班哦？

3A：((A微笑点头))
4B：*我是不晓得。*((*笑*))

上例(84)中，由 A 的肢体语言"点头"可推断前一话轮 2 实施了"寻求确认"的言语行为。话轮 4 则再次表明 B 对"*bi-ke* 补习班"事先毫不知情，加之说话者"微笑"的表情语言还进一步流露出意外或惊奇之感。由此可得出初步结论，语气词"哦"实际上是一个会话组织标记，同时传递出说话者的不同情感立场。相较于传统的结构主义描写、分析研究方法，会话分析方法显然能为深入探索包括汉语语气词在内的汉语语法运作机制提供崭新范式，从而大大拓展该领域的研究视野。

3. 研究目标

互动语言学理论方法体系中的汉语语法研究目标是通过"微观层面上的单个分析+宏观层面上的整体探讨"之路径，最终形成对汉语语法运作机制的理论总结。

(1) 微观层面上的单个分析

微观层面上的单个分析是通过对某一汉语语法现象的具体义项、话语功能和句法结构的深层关系及内在联系进行分析、解释，逐个刻画其运作机制。目前学界运用结构主义理论方法对汉语语法规则归纳有余，对表层现象背后的揭示与解释不足。可以说，微观层面上研究目标的实现正是帮助汉语语法研究取得突破的重要前提和基础。

(2) 宏观层面上的整体探讨

宏观层面上的整体探讨是基于微观层面分析结果，在互动语言学研究核心理念指引下形成对汉语语法运行机制的理论总结。就目前研究成果来看，我们可能得出的粗略理论总结是：汉语语法结构作为一种语言资源，为交际参与者提供与同类协作管理、相互评价等工具，以保证交互的顺利推进；而汉语语法的具体义项、话语功能和句法结构以互为实现的方式形成一个紧密联系的整体，在会话互动过程中又与话语序列位置、会话参与者、交际目标及语境等诸多因素产生互动而形成且不断被塑造。

实际上，相较于微观层面上的单个分析，宏观整体探讨具有相当难度。这在很大程度上是因为每一个语法现象都有着鲜明、突出的个性，相比之下，共性似乎就不那么"显山露水"，而需要研究者更深入的挖掘，因此整体探讨难于个体分析。随着互动语言学理论、方法与汉语语法研究结合向纵深发展，再辅以类型学视野，宏观层面上的整体探讨甚至理论总结有可能取得更大突破，届时我们对汉语语法运作机制的认知也将日臻完善。

（四）余论

综上所述，互动语言学这一提法虽是"外来"，但从方法论上说，其思路却是汉语研究的"本来"。可以说，互动语言学基于用法的研究范式和动态语法观也是汉语语法研究的重要理论遗产。本文以此为前提，遵循"吸收外来，不忘本来"的思路，进一步以互动语言学的"互动"核心理念为主线，主张互动分析研究视角、倡导采用"基于自然口语语料"的会话分析方法和强调"微观层面上的单个分析＋宏观层面上的整体探讨"的研究目标实现路径以构建互动语言学研究理论方法体系，这无疑能帮助研究者获得对汉语语法现象背后性质、特征、规律的全新认识。刘丹青（1995：12）也认为，互动语言学倡导语言研究动态原则和语用原则相结合，这符合当代语言研究的总体趋势。从动态的角度加强语法现象的具体语义、功能及结构关系的探讨尤为重要。与传统语言研究将语法现象看作一个静态、封闭系统的观点不同，互动语言学强调语义、功能及结构在交际双方互动过程中产生和变化，乃交互主体"磋商"之结果，这符合汉语用法型语言事实。

当然，研究者也应对互动语言学理论和方法存在的局限性有清醒认识，如互动语言学研究视"自然口语语料"为"生命线"，那么在此框架下展开的汉语语法研究只能基于日常会话语料，从共时发展分析入手，探讨其某一个时期内的运作机制。也就是说，受制于历时口语会话语料的缺乏，绝大多数研究难以完整展现汉语语法的历时演化过程。这就要求研究者保持结论的开放性，同时积极寻找解决问题的方法，唯有如此才能使研究更加严谨和完善。总体上说，互动语言学理论方法体系的构建为汉语语法研究带来了方法论启示，能大大加深我们对汉语语法机制运作规律的理解，而对汉语语法运作规律的深入研究也一定能反过来为互动语言学的理论方法体系构建添砖加瓦，这也正是实现中国特色汉语语法体系构建的一种可能进路①。

7.4 研究不足及进一步研究的构想

由于时间和能力的限制，本研究还存在以下四个方面的不足：

（1）对两个语气词的研究仅从共时平面分析入手，探讨它们在一个时期内的意义和功能分布，却未能注意历时的演变对共时系统中句中"哒"和句末"哦"意义及功能形成的影响。特别是极具特色的句中语气词"哒"，本文并未提及其来源和演化过程。

（2）研究总体上是从语用学的视角出发，偏重对自然口语交际中语气词语用功能的分析和总结，而较少涉及语言本体，如从句法和音系层面上展开讨论。

（3）考察句末语气词"哦"的三个义项时，对位于主观连续统从左至右的"确信义""过渡义"和"不确信义"间的划分线条较粗，采取了非此即彼的做法，这样的处理方式虽然便于操作，但也掩盖了句末"哦"从十分确信到完全不确信的语言变化中的一些实际情况。

（4）本研究是建立在自建小型口语语料库基础上的，但由于语料转写和语气词标注完全由研究者一人完成，因此带有一定的主观色彩。加之后期人工校对工作的客观困难又会或多或少的影响本文统计数据与分析结果的准确率。

根据本研究的不足，今后的研究可以从以下几个方面着力：

（1）将来的研究可以采取共时和历时结合的方法，对汉语语气词在共时与历时平面上做出细致的描写和解释。如讨论汉语语气词的来源及历史演变路径，用历时的观点解释和分析共时中的汉语语气词意义和功能。特别是通过历时加共时的研究，有可能厘清作为构成形容词和动词重叠式的词中"哒"与句中"哒"是否属于同一范畴以及它们的关系。

（2）将来的研究应注重从语言本体层面入手。如详细阐述汉语语气词的句法功能，因为互动语言学承认语言结构单位的语法功能，并在此基础上讨论语气词语用与语法的互动。另外，汉语语气词体系丰富，这与汉语是声调语言有着某种联系，而声调又与语调交互作用，语气词很可能是声调——句调交互作用的结果，将来的研究如能从句调角度讨论语气词的功能，将可能有更多的发现。

（3）继续扩大口语语料库规模，通过深入挖掘大量自然会话语料的方式来发现更多汉语语气词使用的细微差别，提高分析的全面性和准确性。

（4）提高语料库建设及相关统计分析软件的操作水平，确保为将来基于更大规模真实语料研究提供客观准确的数据支撑。

● 注释：

⑥ 会话分析理论引导互动语言学研究将目光转向真实会话，功能语言学使得互动语言学注意到语言形式和功能通过使用而形成，且二者间存在互动。人类语言学则使得互动语言学在跨语言和跨文化的视角下更加关注人类语言的交际系统和会话策略等方面的内容。互动语言学缘起与发展相关内容可参见刘锋、张京鱼《互动语言学对话语小品词研究的启示》，外语教学，2017年，第1期：30~33页。

⑦ 学界对汉语及其方言语气词研究结论的不统一情况参见本书第1章。

⑦ 会话语料转引自吴瑞娟《话语立场：汉语普通话句末语气词的会话分析》(*Stance in Talk: A Conversation Analysis of Mandarin Final Particles*)，2004年，第88页。

⑦ 中国特色汉语语法体系构建相关研究可参见刘锋《互动语言学理论框架下的湖南吉首方言语用小品词研究》，陕西师范大学博士学位论文，2015年，第1~146页。

参考文献

[1] 鲍厚星，李永明. 湖南省汉语方言地图三幅 [J]. 方言, 1985, 4:273–276.
[2] 鲍怀翘，林茂灿. 实验语音学概要 [M]. 北京：北京大学出版社, 2014.
[3] 曹逢甫. 华语虚字的研究与教学——以"呢"字为例. 第六届世界华语文教学研讨会论文集 [C]. 台北：世界华文出版社, 2000:156–162.
[4] 陈玉东，马仁凤. 谈话节目话轮转换的韵律特征分析—以《鲁豫有约》为例 [A]. 方梅，主编. 互动语言学与汉语研究（第一辑）[C]. 北京：世界图书出版公司, 2016:37–58.
[5] 崔蕊. "其实"的主观性与主观化 [J]. 语言科学, 2008,36 (5) :502–512.
[6] 邓思颖. 粤语句末"住"和框式虚词结构 [J]. 中国语文, 2009,3:234–288.
[7] 邓思颖. 方言语法研究问题的思考 [J]. 汉语学报, 2013,42 (2) :9–16.
[8] 董秀芳. 移情策略与言语交际中代词的非常规用法 [A]. 齐沪扬, 主编. 现代汉语虚词研究与对外汉语教学 [C]. 上海：复旦大学出版社, 2005.
[9] 方梅. 指示词"这"和"那"在北京话中的语法化 [J]. 中国语文, 2002 (4) : 343–356+382–383.
[10] 方梅. 北京话句中语气词的功能研究 [J]. 中国语文, 1994,239 (2) :129–137.
[11] 方梅. 动态呈现语法理论与汉语"用法"研究 [A]. 沈阳, 冯胜利. 当代语言学理论和汉语研究 [C]. 北京：商务印书馆, 2008:42–65.
[12] 方梅. 北京话人称代词的虚化 [A]. 吴福祥, 崔希亮, 主编. 语法化与语法研究（四）[C]. 北京：商务印书馆, 2009.
[13] 方梅. 会话结构与连词的浮现义 [J]. 中国语文, 2012 (6) :574–575.
[14] 方梅. 北京话语气词变异形式的互动功能——以"呀、哪、啦"为例 [J]. 语言教学与研究, 2016,2:67–79.
[15] 方梅, 乐耀. 规约化与立场表达 [M]. 北京：北京大学出版社, 2017.
[16] 方梅, 李先银, 谢心阳. 互动语言学与互动视角的汉语研究 [J]. 语言教学与研究, 2018,3:1–16.
[17] 方小燕. 广州方言句末语气助词 [M]. 广州：暨南大学出版社, 2003.
[18] 冯胜利. 汉语韵律句法学引论 [J]. 学术界, 2000 (1) :100–102.
[19] 高一虹. 互动社会语言学的发展 [G]. 中国社会语言学会资料汇编, 2003,1:7–14.
[20] 郭攀. 叹词、语气词共现所标示的混分性情绪结构及其基本类型 [J]. 语言研究, 2014,34(3): 47–51.
[21] 何自然, 冉永平. 话语联系语的语用制约性 [J]. 外语教学与研究, 1999,119 (3) :2–8.
[22] 何兆熊. 新编语用学纲要 [M]. 上海：上海外语教育出版社, 1999.
[23] 黄萍. 问答互动中的言语行为选择——侦查讯问话语语用研究之四 [J]. 外语学刊, 2014,176 (1) :69–77.
[24] 黄衍. 话轮替换系统 [J]. 外语教学与研究, 1987,69 (1) :16–23.
[25] 李爱军. 友好语音的声学分析 [J]. 中国语文, 2005,5:27–37.
[26] 李斌. 用 Elan 建设单点方言多媒体语料库 [J]. 方言, 2012,2:178–190.
[27] 李斌. 用 ELAN 自建汉语方言多媒体语料库及其应用研究——以双峰方言语气词的研究为例 [D]. 长沙：湖南师范大学博士学位论文, 2013.
[28] 李启群. 吉首方言研究 [M]. 北京：民族出版社, 2002.
[29] 李先银. 自然口语中的话语叠连研究——基于互动交际的视角 [J]. 语言教学与研究, 2016,4:23–31.

[30] 李先银. 现代汉语话语否定标记研究 [M]. 北京：世界图书出版公司，2017a.
[31] 李先银. 时间—行为的情理关联与"大X的"的话语模式——基于互动交际的视角 [J]. 语言教学与研究，2017b,6:12-23.
[32] 李小军. 语气词"哕"的来源及其方言变体 [J]. 语言科学，2008,7（4）：398-405.
[33] 李小军. 语法化演变中音变对义变的影响 [J]. 汉语学报,2014,46（2）：54-62+96.
[34] 林大津，谢朝群. 互动语言学的发展历程及其前景 [J]. 现代外语,2003,26,(4):410-418.
[35] 林华勇. 广东廉江方言语气助词的功能和类别 [J]. 方言，2007,4:339-347.
[36] 林素娥，邓思颖. 湘语邵东话助词"起倒"的语法特点 [J]. 汉语学报，2010,4:36-42.
[37] 刘丹青. 语义优先还是语用优先—汉语语法体系建设断想 [J]. 语文研究,1995,55（2）：10-15.
[38] 刘丹青. 语言库藏类型学构想 [J]. 当代语言学，2011（4）:289-291.
[39] 刘锋. 互动语言学框架下的湖南吉首方言语用小品词研究 [D]. 西安：陕西师范大学博士学位论文，2015.
[40] 刘锋，张京鱼. 互动语言学对话语小品词研究的启示 [J]. 外语教学，2017,1:30-33.
[41] 刘锋，张京鱼. 互动语言学对语用小品词研究的启示 [J]. 语言与翻译，2018,4:17-22.
[42] 刘虹. 会话结构研究 [D]. 上海：上海外国语大学博士学位论文，1991.
[43] 刘娅琼，陶红印. 汉语谈话中否定反问句的事理立场功能及类型 [J]. 中国语文，2011,1:15-22.
[44] 刘运同. 会话分析学派的研究方法及理论基础 [J]. 同济大学学报（社会科学版），2002,13（4）：111-117.
[45] 鲁川. 语言的主观信息和汉语的情态标记. 语法研究和探索（十二）[M]. 北京：商务印书馆，2003.
[46] 陆俭明. 试论左右句子意思的因素 [J]. 新疆大学学报（哲学社会科学版），1980（4）：85.
[47] 陆剑明，马真. 现代汉语虚词散论 [M].（修订版）. 北京：语文出版社,2003.
[48] 陆镜光. 广州话句末"先"的话语分析 [J]. 暨南学报（哲学社会科学），2002,2:41-44.
[49] 陆镜光. 延伸句的跨语言对比 [J]. 语言教学与研究，2004,6: 1-9.
[50] 陆镜光. 汉语方言中的指示叹词 [J]. 语言科学，2005,6:88-95.
[51] 陆萍，李知沅，陶红印. 现代汉语口语中特殊话语语音成分的转写研究 [J]. 语言科学，2014,69（2）:113-130.
[52] 罗桂花. 语言产生于互动 互动塑造语言 [N]. 中国社会科学报，2012-10-08（07）.
[53] 罗丽芳. 分析互动语言学发展的历程与前景探讨 [J]. 才智，2014,5:276.
[54] 吕叔湘，朱德熙. 语法修辞讲话 [M]. 北京：中国青年出版社,1953.
[55] 吕叔湘. 汉语语法分析问题 [M]. 北京：商务印书馆，1979.
[56] 吕叔湘. 文言虚字 [M]. 上海：上海教育出版社,1979.
[57] 吕叔湘. 通过对比研究语法 [J]. 语言教学与研究，1992（2）:4-5.
[58] 吕叔湘. 中国文法要略 [M]. 沈阳：辽宁教育出版社,2002.
[59] 马真. 现代汉语虚词研究方法论 [M]. 北京：商务印书馆,2007.
[60] 彭玉兰. 衡阳方言的语气词 [J]. 方言，2003,2:171-176.
[61] 齐沪扬. "呢"的意义分析和历史演变 [J]. 上海师范大学学报（哲学社会科学版），2002,31（1）：34-45.
[62] 屈承熹著，潘文国等译. 汉语篇章语法 [M]. 北京：北京语言大学出版社,2006.
[63] 冉永平. 人际交往中的和谐管理模式及其违反 [J]. 外语教学，2013,33（4）:1-5+17.
[64] 沈家煊. 不加说明的话题—从"对答"看"话题—说明"[J]. 中国语文，1989, 5：326-333.
[65] 沈家煊. 语言的"主观性"与"主观化"[J]. 外语教学与研究，2001,33（4）:268-275.

[66] 沈家煊. "零句"和"流水句"——为赵元任先生诞辰120周年而作 [J]. 中国语文, 2012,5:403-415+479.

[67] 沈家煊. 名词和动词 [M]. 北京：商务印书馆, 2016.

[68] 沈炯. 汉语语调构造和语调类型 [J]. 方言, 1994,3:12-17.

[69] 史金生. 语气副词的范围、类别和共现顺序 [J]. 中国语文, 2003,292（1）:17-31.

[70] 宋秀令. 汾阳方言的语气词 [J]. 语文研究, 1994,50（1）:52-59.

[71] 宋作艳, 赵青青, 亢世勇. 汉语复合名词语义信息标注词库：基于生成词库理论 [J]. 中文信息学报, 2015,3:27-33+43.

[72] 孙汝建. 句末语气词的四种语用功能 [J]. 南通大学学报（社会科学版）, 2005, 21（2）:76-80.

[73] 孙竞. 安徽凤台官话方言语气词"来"的时体用法 [J]. 方言, 2018,2:231-235.

[74] 陶红印. 从语音、语法和话语特征看"知道"格式在谈话中的演化 [J]. 中国语文, 2003（4）:383-385.

[75] 唐善生, 华丽亚. "你别说"的演化脉络及修辞分析 [J]. 当代修辞学, 2011,4:24-34.

[76] 完权. 信据力："呢"的交互主观性 [J]. 语言科学, 2018,1:18-34.

[77] 王景荣. 东干语、汉语乌鲁木齐方言常用语气词及语气词的共现 [J]. 南开语言学刊, 2011,17（1）:124-131.

[78] 王力. 中国现代语法 [M]. 北京：中华书局, 1955.

[79] 王寅. 语篇连贯的认知世界分析方法——体验哲学和认知语言学对语篇连贯性的解释 [J]. 外语学刊, 2005,125（4）:16-23.

[80] 吴福祥. 近年来语法化研究的进展 [J]. 外语教学与研究, 2004,36（1）:18-24.

[81] 武和平, 王晶. "基于用法"的语言观及语法教学中的三对关系 [J]. 语言教学与研究, 2016（6）:1.

[82] 吴静, 石毓智. 英汉形容词概念化对其有无标记用法的影响 [J]. 外语研究, 2005（4）:14-18+90.

[83] 伍云姬主编. 湖南方言的语气词 [M]. 长沙：湖南师范大学出版社, 2006.

[84] 吴早生, 郭艺丁. 安徽旌德三溪话疑问标记"唉"及其来源 [J]. 方言, 2018,4:459-466.

[85] 谢心阳. 汉语自然会话中的疑问式回应及其互动功能 [J]. 语言教学与研究, 2018,6:83-92.

[86] 谢心阳, 方梅. 汉语自然口语中弱化连词的韵律表现 [A]. 方梅, 主编. 互动语言学与汉语研究（第一辑）[C]. 北京：世界图书出版公司, 2016:124-145.

[87] 邢福义. "NN"的"V"结构. 语法研究和探索 [C]. 北京：北京大学出版社, 1988.

[88] 邢向东. 陕北神木话的准语气词"是"及其形成 [J]. 方言, 2006,4:335-342.

[89] 邢向东, 周利芳. 陕北神木话的语气副词"敢"及其来源 [J]. 方言, 2013, 3:224-235.

[90] 熊子瑜, 林茂灿. "啊"的韵律特征及其话语交际功能 [J]. 当代语言学, 2004,2:2-11.

[91] 许维维. 汉语重叠式状态词范畴系统研究 [D]. 上海：华东师范大学硕士学位论文, 2006.

[92] 杨彩梅. 关系化——一种识别句子主观性语言实现的形式手段 [J]. 现代外语, 2007（1）:1-10+108.

[93] 杨俊芳. 汉语方言形容词重叠研究 [D]. 上海：复旦大学博士学位论文, 2008.

[94] 杨荣祥. 近代汉语副词研究 [M]. 北京：商务印书馆, 2005.

[95] 姚双云. 自然口语中的关联标记研究 [M]. 北京：中国社会科学出版社, 2012.

[96] 于国栋. 支持性言语反馈的会话分析 [J]. 外国语, 2003,147（6）:23-29.

[97] 于康. 命题内成分与命题外成分——以汉语助动词为例 [J]. 世界汉语教学, 1996,35（1）:26-33.

[98] 袁毓林. 汉语名词物性结构的描写体系和运用案例 [J]. 当代语言学, 2014（1）:31-33.

[99] 乐耀. 从"不是我说你"类话语标记的形成看会话中主观性范畴与语用原则的互动 [J]. 世界汉语教学，2011, 1:15–22.

[100] 乐耀. 从互动交际的视角看让步类同语式评价立场的表达 [J]. 中国语文,2016,1:11–25.

[101] 乐耀. 互动语言学研究的重要课题—会话交际的基本单位 [J]. 当代语言学，2017,2:246–271.

[102] 张伯江，方梅. 汉语功能语法研究 [M]. 南昌：江西教育出版社，1996.

[103] 张伯江. 言者与听者的错位 [J]. 语言教学与研究，2016（1）:24–23.

[104] 张京鱼，刘锋. 形容词重叠式的语气和情感态度. 陕西：陕西省语言学学会第八次学术年会论文集 [C], 2013.

[105] 张邱林. 陕县方言选择问句里的语气助词"曼"——兼论西北方言选择问句里的"曼"类助词 [J]. 汉语学报，2009,26（2）:54–60.

[106] 张邱林. 现代汉语里的语气助词"哦"[J]. 语言教学与研究，2013,2: 82–88.

[107] 张邱林. 河南陕县方言源于性器官名称的情感助词 [J]. 语文研究，2015,1:58–63.

[108] 张谊生. 现代汉语副词探索 [M]. 上海：学林出版社,2004.

[109] 张谊生. 现代汉语副词研究 [M]. 上海：学林出版社,2000.

[110] 张谊生. 30 年来汉语虚词研究的发展趋势与当前课题 [J]. 语言教学与研究，2016（3）:74–82.

[111] 赵元任. 北平语调的研究,《最后 5 分钟》附录，中华书局；《赵元任语言学论文集》1929, 商务印书馆，2002.

[112] 赵元任. 国语语调,《广播周报》第 2 3 期。另见《赵元任语言学论文集》1932, 商务印书馆，2002.

[113] 赵元任. 汉语的字调跟语调,《中央研究院史语所集刊》第 4 本第 3 分册；《赵元任语言学论文集》1933, 商务印书馆，2002.

[114] 赵元任. 语言问题 [M]. 北京：商务印书馆，1968.

[115] 赵元任. 汉语口语语法 [M]. 北京：商务印书馆,1979.

[116] 郑娟曼，张先亮. 责怪式话语标记"你看你"[J]. 世界汉语教学，2009,4:12–17.

[117] 周振鹤，游汝杰. 湖南省方言区划及其历史背景 [J]. 方言，1985. 4.

[118] 朱德熙. 汉语语法讲义 [M]. 北京：商务印书馆，1982:16.

[119] 朱冠明. 副词"其实"的形成 [J]. 语言研究，2002,46（1）:32–37.

[120] 朱军. 反问格式"X 什么 X"的立场表达功能考察 [J]. 汉语学习，2014,3:12–17.

[121] Abney, L. Pronoun shift in oral folklore, personal experience and literary narratives, or "What's up with you?"[J]. SECOL Review, 1996,20:203–226.

[122] Alleton, C. Final particles and expression of modality in modern Chinese, Journal of Chinese Linguistics[J]. 1981, 9(1): 123–141.

[123] Anna, Wierzbicka. Introduction[J]. Journal of Pragmatics,1986,10:519–534.

[124] Bakhtin, M. The Dialogic Imagination: Four Essays by Mikhail Bakhtin[M]. Austin, TX: University of Texas Press, 1934/1981.

[125] Bob,R.,Hays,J.&Jannedy,S.Probabilistic Linguistics [M].Cambridge,Mass:MIT Press.2003:171.

[126] Brown, P. & Levinson, S.C. Politeness: Some universals in language usage[M]. Cambridge: Cambridge University Press,1987.

[127] Bybee, J. From Usage to Grammar : The mind's response to repetition[J]. Language, 2006(4):711–713.

[128] Chafe, W. & Nichols, J. Evidentiality: The Linguistic Coding of Epistemology[M]. Norwood, NJ: Ablex Publishing Company,1986.

[129] Chan, Marjorie, K. M. Gender-marked speech in Cantonese: The case of sentence-final particles je and jek[J]. Studies in the Linguistic Sciences, 1996,26:1-38.

[130] Chan, Marjorie, K. M. Sentence particles je and jek in Cantonese and their distribution across gender and sentence types. In S. Wertheim, A. Bailey and M. Corston-Oliver(eds.) Engendring Communication: Proceedings of the Fifth Berkeley Women and Language Conference[C]. CA:Berkeley,1998.

[131] Chan, Maijorie, K. M. Gender-related use of sentence-final particles in Cantonese. In Marlis Hellinger and Hadumod BuPmann (eds.) Gender across Languages: The Linguistic Representation of Women and Men[C]. Philadelphia: John Benjamins,2002.

[132] Chao, Yuan-ren. A Grammar of Spoken Chinese[M]. Berkeley and Los Angeles: University of California Press,1968.

[133] Chappell, H. Strategies for the assertion of obviousness and disagreement in Mandarin: a semantic study of the modal particle ME[J]. Australian Journal of Linguistics, 1991,11:39-65.

[134] Chu, C.C. A Discourse grammar of A Mandarin Chinese[M]. New York and Berlin: Peter Lang.1998.

[135] Chu, C. C. Relevance theory, discourse marker and the mandarin utterance-final particle a/ya[J]. Journal of the Chinese Language Teachers Association, 2002,37(1):1-42.

[136] Christie, C. The relevance of taboo language: An analysis of the indexical values of swearwords[J]. Journal of Pragmatics, 2013,58(7):152-169.

[137] Cook, H.M. Meanings of non-referential indexes: a case of the Japanese particle ne[J]. Text,1992, 12: 507-539.

[138] Cook, H. M. Particles. In Alessandro Duranti (ed.) Key Terms in Language and Culture[C]. Oxford: Blackwell, 2001:176-179.

[139] Couper-Kuhlen, Elizabeth, Selting, M & Drew, P. Prosody in Conversation[M]. Cambridge: Cambridge University Press,1996.

[140] Couper-Kuhlen, Elizabeth & Selting, M. Studies in Interactional Linguistics (eds)[M]. Amsterdam/Philadelphia: John Benjamins, 2001.

[141] Couper-Kuhlen, E. & M. Selting. Interactional Linguistics: Studying Language in Social Interaction[M]. Cambridge: Cambridge University Press, 2017.

[142] David, W. Particle/clitics for criticism and complaint in Mparntwe Arrernte (Aranda)[J]. Journal of Pragmatics, 1986(10): 575-596.

[143] Edwards, D. Shared knowledge as a performative and rhetorical category. In J. Verschueren(eds.) Pragmatics in 1998: Selected papers from the 6th International Pragmatics Conference(Vol.2)[C].Antwerp: International Pragmatics Association, 1999:130-141.

[144] Feng, Guangwu. Pragmatic markers in Chinese[J]. Journal of Pragmatics,2008, 40:1687-1718.

[145] Flowerdew, L. Corpus-based Discourse Analysis [A]. In J.P.GEE & M.Handford.The Routledge Handbook of Discourse Analysis(eds.)[C]. London, New York:Routledge,2012.

[146] Ford, E. & Wagner, J. Interaction-based Studies of Language[M]. Cambridge: Cambridge University Press,1996.

[147] Ford, E. Barbara, A. & Sandra A. Thompson. Constituency and the grammar of turn increments[A]. In C. Ford, Barbara, A. & Sandra A. Thompson (eds.).[C]. The Language of Turn and Sequence, Oxford: Oxford University Press, 2002:14-38.

[148] Franz, B. The Mind of Primitive Man[M]. U.S: The Macmillan Company, 1911.

[149] Gardner, R. The conversation object mm: A weak and variable acknowledging token[J]. Research on Language and Social Interaction, 1997,30(2):131–156.

[150] Gardner, R. When Listeners Talk: Response Tokens and Listener Stance[M]. Amsterdam/Philadelphia: John Benjamins, 2001.

[151] Goodwin, C. Conversational Organization: Interaction between Speakers and Hearers[M]. New York: Academic Press, 1981.

[152] Goodwin, C. Action and embodiment within situated human interaction[J]. Journal of Pragmatics, 2000(32):1489–1522.

[153] Gumperz, J. Discourse Strategies[M]. Cambridge: Cambridge University Press,1982.

[154] Gupta, A.F. The pragmatic particles of Singapore Colloquial English[J]. Journal of Pragmatics, 1992,18: 31–57.

[155] Haddington, P. Positioning and alignment as activities of stancetaking in news interviews. In R. Englebretson(eds.). Stancetaking in Discourse: Subjectivity, Evaluation, Interaction[C]. Philadelphia, Pennsylvania: John Benjamins, 2007:283–317.

[156] Haiman, J. Natural Syntax: Iconicity and Erosion[M]. Cambridge, UK: Cambridge University Press, 1985:19.

[157] Hallddiay, M.A.K. On Language and Linguistics[M]. New York: Continuum. 2003.

[158] Heine, B. & Kuteva, T. Word Lexicon of Grammaticalization[M]. Cambridge: Cambridge University Press,2002.

[159] Heritage, J. A change-of-state token and aspects of its sequential placement. J.M. Atkinson and J. Heritage(eds), In Structures of Social Action: Studies in Conversation Analysis[C]. Cambridge: Cambridge University Press:299–345.1984.

[160] Heritage, J. Garfinkel and Ethnomethodology[M]. Cambridge: Polity Press, 1984.

[161] Hiramoto, M. Pragmatics of the sentence-final uses of can in Colloquial Singapore English[J]. Journal of Pragmatics, 2012,44(6):890–906.

[162] Hopper, P.J. Emergent grammar. In M. Tomasello(eds.). The new psychology of language: cognitive and functional approaches to language structure[C].Mahwah，NJ: Lawrence Erlbaum,1998.

[163] Hsu, K. Joint attention in a father-child-mother triad: A Chinese-American case study[J]. Issues in Applied Linguistics, 1996, 7(1):77–90.

[164] Jefferson, G, Transcript notation. In: Atkinson, J. Maxwell, Heritage, John (Eds.), Structures of Social Actions: Studies in Conversation Analysis[C].Cambridge: Cambridge University Press, 1984: ix–xvi.

[165] John, C. W. A floating tone discourse morpheme:The English equivalent of Cantonese lo1[J]. Lingua, 2012,122(10):1739–1762.

[166] Keisanen, E. Epistemic Stance in English Conversation[M].Amsterdam:John Benjamins,2003.

[167] Keisanen, T. Stancetaking as an interactional activity: Challenging the prior speaker. In P. Englebretson(eds.). Stancetaking in discourse: Subjectivity, evaluation, interaction[C]. Amsterdam: John Benjamins, 2007:253–281.

[168] Labov, W. The study of language in its social context. In P.P. Giglioli(ed.). Language and Social Context[C]. London: Penguin,1972:283–307.

[169] Labov, W. & Fanshel, D. Therapeutic Discourse: Psychotherapy as Conversation[M]. New York: Academic Press,1977.

[170] Langacker, R. W. Usage-based Models of Language[J]. Cognitive Linguistics,2000(3):1–3.

[171] Laury, Etelämäki & Couper. Approaches to Grammar for Interactional Linguistics[J].

Pragmatics,2014(4):76.
- [172] Lee, P. L & Pan, H.H. The landscape of additive particles—with special reference to the Cantonese sentence-final particle tim[J].Lingua,2010, 120(1):1777-1804.
- [173] Lerner, G. On the syntax of sentences-in-progress[J]. Language in Society, 1991, 3:441-581.
- [174] Levinson, S. C. Pragmatics[M]. Cambridge: Cambridge University Press, 1983.
- [175] Li, Bin. Integrating textual and prosodic features in the interpretation of Chinese utterance-final-particles: a case of a and ne[J]. Journal of Chinese Linguistics, 2013,41(1):145-169.
- [176] Li, C & Thompson, S. A. Mandarin Chinese: A Functional Reference Grammar[M]. Berkeley and Los Angeles: University of California Press, 1981.
- [177] Li, I. C. Utterance-Final Particles in Taiwanese: A Discourse-pragmatic Analysis[D]. Taipei: Crane,1999.
- [178] Lin, Jingrong. What does the mandarin particle NE communicate?[J]. Cahiers de Linguistique Asie Orientale,1981, 15(2):1211-1233.
- [179] Linell, P. Approaching Dialogue: Talk, Interaction and Contexts in Dialogical Perspectives[M]. Amsterdam: Benjamins, 1998.
- [180] Linell, P. The Written Language Bias in Linguistics: It's Nature, Origins, and Transformation[M]. London: Routledge, 2005.
- [181] Local, J. Conversational phonetics: Some aspects of news receipts in everyday talk. E. Couper-Kuhlen and M. Selting(eds.). In Prosody in Conversation: Interactional Studies[C].Cambridge: Cambridge University Press, 1996:177-230.
- [182] Luke, K K. Utterance Particles in Cantonese Conversation[M]Amsterdam/Philadelphia: John Benjamins, 1990.
- [183] Lyons, J. Semantics[M]. Cambridge: Cambridge University Press, 1977.
- [184] Maynard, S.K. Discourse Modality: Subjectivity, Emotion, and Voice in the Japanese Language. [M].Amsterdam/Philadelphia: John Benjamins, 1993.
- [185] Meyerhoff, M. Sounds pretty ethnic, eh? A pragmatic particle in New Zealand English[J]. Language in Society, 1994, 23:367-388.
- [186] Newmeyer, F.J. Grammar is grammar and usage is usage[J]. Language, 2003,79(4):682-707.
- [187] Noh, E. A Pragmatic Approach to Echo Questions. UCL Working Papers in Linguitics[C]. Vol.7, 1995:107-140.
- [188] Ochs, E. Socializing gender. In C. Goodwin and A. Duranti(eds.), Rethinking Context: Language as an Interactive Phenomenon[C]. Cambridge: Cambridge UniversityPress,1992:335-358.
- [189] Ochs, E. Linguistic resources for socializing humanity. In J.J. Gumperz and S. C. Levinson (eds.), Rethinking Linguistic Relativity[C]. Cambridge, MA: Cambridge University Press,1996: 407-437.
- [190] Ochs, E., Schegloff, Emanuel, A.& Thompson, S. A. Interaction and Grammar[M]. Cambridge: Cambridge University Press, 1996.
- [191] Östman, J.O. "You know": A discourse functional approach[M].Amsterdan: John Benjamins,1981
- [192] Pomerantz, A. Telling my side: "Limited access" as a "fishing" device[J]. Sociological Inquiry,1980, 50:186-198.
- [193] Portes, C., Claire, B., Amandine, M., Jean-Marie, M. & Maud, C.L . The dialogical dimension of intonational meaning: Evidence from French[J]. Journal of Pragmatics,2014, 74(8):15-29.
- [194] Rauniomaa, M. Recovery through Repetition: Returning to Prior Talk and Taking a Stance in

American-English and Finnish Conversations[M]. Oulu: Oulu University Press, 2008.

[195] Sacks, H. & Schegloff, E. A. Two preferences in the organization of reference to persons in conversation and their interaction. In G. Psathas (ed.) . In Everyday Language: Studies in Ethnomethodology[C], New York: Irvington, 1979:15–21.

[196] Samovar, L.A. & Richard, E.P. Intercultural Communication: A Reader [M]. California:Wasdworth, 1991.

[197] Schegloff, E.A. Discourse as an interactional achievement: Some uses of uh huh and other things that come between sentences. In D. Tannen(ed.). In Analyzing Discourse: Text and Talk[C]. Washington, D.C.: Georgetown University Press, 1982:71–93.

[198] Schegloff, E. A. In another context. A. Duranti and C. Goodwin (eds) . In Rethinking Context:Language as an Interactive Phenomenon[C]. Cambridge: Cambridge University Press,1992a:191–227.

[199] Schegloff, E.A. Confirming allusions: Toward an empirical account of action[J]. American Journal of sociology,1996a,102(1): 161–216.

[200] Schegloff, E. A. Sequence Organization in Interaction: A Primer in Conversation Analysis(Vol.1)[M]. Cambridge: Cambridge University Press, 2007.

[201] Smakman, D. & Stephanie, W. Discourse particles in Colloquial Singapore English[J]. World Englishes, 2013,32(3):308–324.

[202] Solso, R. L., Maclin, O. H. & Kimberly M. Cognitive Psychology[M]. Beijing: Mechanical Industry Press, 2013.

[203] Sorjonen, M.L. Recipient activities: Particle nii (n) and joo as response in Finnish conversations[D]. Los Angeles: University of California,1997.

[204] Sorjonen, M.L. Responding in Conversation: A Study of Response Particles in Finnish[M]. Amsterdam and Philadelphia: John Benjamis, 2001.

[205] Strauss, S. & Xiang, Xuehua. Discourse particles: where cognition and interaction intersect— the case of final particle ey in Shishan dialect (Hainan Island, P.R.China)[J]. Journal of Pragmatics, 2009, 41:1287－1312.

[206] Stubbs, M. A. Matter of Prolonged Fieldwork: Towards a Modal Grammar of English[J]. Applied Linguistics, 1986, 7(1): 1–25.

[207] Thompson, S.A. "Object complements" and conversation: Towards a realistic account[J]. Studies in Language, 2002, 26(1): 125–163.

[208] Tsui, A. B. M. English Conversation[M]. Shanghai: Shanghai Foreign Language Education Press, 2000.

[209] Wolfson, N. Research methodology and the question of validity[J]. TESOL Quarterly,1986,20:689–699.

[210] Wong, J. The particles of Singapore English: a semantic and cultural interpretation[J]. Journal of Pragmatics, 2004,18, 527－549.

[211] Wong, J. The ''triple articulation" of language[J]. Journal of Pragmatics, 2010,42(11): 2932－2944.

[212] Wu, R.J. Regina. Stance in Talk: A Conversation Analysis of Mandarin Final Particles[M]. Amsterdam/Philadelphia: John Benjamins, 2004.

[213] Wu, R.J. Regina. A conversation analysis of self-praising in everyday Mandarin interaction[J]. Journal of Pragmatics, 2012,43(6):3152–3176.

[214] Wu, R. J. Regina. Managing turn entry: The design of EI-prefaced turns in Mandarin conversation[J].Journal of Pragmatics, 2014, 66(3): 139–161.

[215] Xiang, Xuehua. A Discourse-Pragmatic Study of Interactional Particles in Shishan (Hainan Island, P.R. China)[D]. Unpublished Doctoral Dissertation, Pennsylvania State: The Pennsylvania State University, University Park, 2006.

[216] Xiang, Xuehua. Constraint reality: Linguistic expressions of restrictivity and emotive stances. A discourse-pragmatic study of utterance-final la h in Shishan (Hainan Island, China)[J]. Lingua, 2011,121(8):1377–1400.

[217] Xiang, Xuehua. External information processing versus property ascentaining: a discourse-pragmatic study of three yes/no question particles in Shishan (Hainan Island, P.R.China) [J]. Text & Talk, 2012, 32(2):255–280.

[218] Xu.Jun, Displaying status of recipiency through reactive tokens in Mandarin task-oriented interaction[J]. Journal of Pragmatics, 2014,74:33–51.

[219] Zhang, Wei. Repair in Chinese conversation[D]. HongKong: University of HongKong,1998.

[220] Biq, Y.-O. Chinese causal sequencing and yinwei in conversation and press reportage[J]. Berkeley Linguistic Society, 1995(2):47–60.

[221] Coulthard. An Introduction to Discourse Analysis[M]. Longman: London, 1977.

[222] Couper-Kuhlen, E. Prosody and sequence organization: The case of new beginnings[A]. In E. Couper-Kuhlen & C. E. Ford (eds.). Sound Patterns in Interaction[C]. Amsterdam/Philadelphia: John Benjamins, 2004:335–376.

[223] Couper-Kuhlen, E. What does grammar tell us about action?[J]. Pragmatics, 2014(3):623–647.

[224] Couper-Kuhlen, E. & M. Selting. Interactional Linguistics: Studying Language in Social Interaction[M]. Cambridge: Cambridge University Press, 2018.

[225] Ford, C. E. Grammar in Interaction[M]. Cambridge: Cambridge University Press,1993.

[226] Fox, B. A. & S. A. Thompson. Relative clauses in English conversation: Relativizers, frequency and the notion of construction[J]. Studies in Language, 2007(2):293–326.

[227] Günthner, S. Practices of clause-combining: From complex ween-constructions to insubordinate ('stand-alone') conditionals in everyday spoken German[A]. In Y. Maschler, S. P. Doehler, J. Lindstrom & L. Keevallik (eds.). Emergent Syntax for Conversation: Clausal Patterns and the Organization of Action[C]. Amsterdam/Philadelphia: John Benjamins, 2020:185–220.

[228] Kendon, A. Gesture: Visible Action as Utterance[M]. Cambridge: Cambridge University Press, 2004.

[229] Laury, R. & T. Ono. The limits of grammar: Clause combining in Finnish and Japanese conversation[J]. Pragmatics, 2014(3):561–592.

[230] Levinson, S. C. Action formation and ascription[A]. In J. Sidnell & T. Stivers(eds.). The Handbook of Conversation Analysis[C]. Chichester: Wiley-Blackwell, 2013: 103–130.

[231] Mulder, J. & S. A. Thompson. The grammaticization of but as a final particle in English conversation[A]. In R. Laury(ed.). Crosslinguistic Studies of Clause Combining: The Multifunctionality of Conjunctions[C]. Amsterdam/Philadelphia: John Benjamins, 2008:179–204.

[232] Thompson, S. A., Fox, B. A. & E. Couper-Kuhlen. Grammar in Everyday Talk: Building Responsive Actions[M]. Cambridge: Cambridge University Press, 2015.

[233] 方梅. 负面评价表达的规约化 [J]. 中国语文，2017（2）:131–147,254.

[234] 方梅. 北京话"这就"的跨层词汇化及其将行义的浮现 [J]. 语言学论丛, 2018（2）:127–141.

[235] 关越，方梅.汉语对话中的句法合作共建现象初探[J].语言教学与研究，2020（3）：60–69.

[236] 刘锋，张京鱼.汉语语法研究的互动语言学方法论启示[J].山东外语教学,2020(4):63–72.

[237] 刘锋，张京鱼.《互动语言学——社会互动中的语言研究》评介[J].外国语言文学，2020（1）:99–105.

[238] 刘锋，张京鱼，荆丹.小品词"呔"的多功能性及语言接触问题[J].西安外国语大学学报，2022（2）:1–6.

[239] 刘锋，张京鱼，曾建宇.互动语言学框架下"因为"的话语功能研究[J].语言研究集刊，2023（2）：5–16.

[240] 宋作艳，陶红印.汉英因果复句顺序的话语分析与比较[J].汉语学报，2008（4）:61–71.

[241] 姚双云.口语中的连词居尾与非完整复句[J].汉语学报，2018（2）:2–13,95.

附录 I　主要会话参与者编码信息

主要会话参与者编码信息（其余人员编码信息在语料分析中另行标出）：

M= 作者母亲
F= 作者父亲
R= 作者本人
B= 作者弟弟
U= 作者叔叔
A1= 女营业员 #1
A2= 女营业员 #2
A3= 女营业员 #3
T= 作者女性好友
J、Z= 作者男性好友

附录 II 转写规则注释

[[	表示话语重叠；
=	表示等号下面的话轮与等号上面的话轮中间没有停顿；
(.)	表示 0.2 秒以内的瞬时停顿；
(0.0)	表示以秒为单位的计时停顿或沉默；
::	表示语音的延长，多一个冒号，就表示多延长一拍；
°……°	表示中间的言语比周围轻；
——	表示中间的言语比周围轻；
>……<	表示语音加强或重读音节；
<……>	表示语速较快的话语；
% %	表示汉语普通话和吉首方言间的语码转换；
* *	表示说话者语中带笑；
(……)	表示相关背景信息；
(……)	表示对方言对应的普通话释义的补充或说话者的言外之意；
((……))	表示省略不相关的话轮；
?	表示因各种原因（如录音质量低、背景音嘈杂等）而造成的转写内容不确切；
→	表示提请注意的地方；
↑	表示急剧的上升语调，放在开始变化的语调前面。

后 记

本书在笔者博士论文和博士后出站报告的基础上，经过较大的修改和补充后完成。书稿修订历经一年多的艰苦跋涉，虽然还存在不少问题，但不管怎样，十月怀胎、一朝分娩，"婴儿"终于呱呱坠地了。寒来暑往，几度春秋，几多甘苦，几分感慨。它记录下了自己从攻读博士学位到博士后出站求索攀登的心路历程。一路上，有风景，有美食，有欢乐，有心酸，有迷茫，有惶恐……

2012年，我考入陕西师范大学外国语学院，师从张京鱼先生攻读跨语言文化专业博士学位。记得在一次专业课后的谈话中，先生让我关注一下国际语言学权威期刊 Journal of Pragmatics（《语用学杂志》）上几篇有关"海南临高语语气词"的文章，并建议我今后从事汉语语气词相关的研究。尔后，我下载了包括先生推荐文章在内的一系列语用小品词文献，并在短短的几天时间内通读了这些资料，虽然很多地方尚未读懂，但我已被汉语语气词研究的魅力深深吸引。从此，我也与汉语语气词研究结缘。

在攻读博士学位和进入博士后科研流动站的五年时间里，我的精力主要集中在汉语语气词的研究上。通过查阅国内外文献，潜心思索，我也从最初的对汉语语气词研究一无所知，到初进门槛略有所得。五年来，我围绕互动语言学及汉语语气词展开研究，撰写的论文有幸在《外语教学》《解放军外国语学院学报》《外语学刊》《语言学论丛》《西安外国语大学学报》《中国教育学刊》等专业刊物上发表。我内心对这些刊物充满了感激，因为它们给予我学术求索之路上莫大的鼓舞和前行的动力。

感谢我的博士生导师和博士后工作合作导师张京鱼教授。博士论文及博士后出站报告的写作，从选题到撰写都得到了先生的悉心指导与热情鼓励，特别是先生在繁重的教学和科研中还不忘亲自为我下载论文，甚至从众多的参考文献中为我勾选 Wu Regina 的重要著作《交谈中的立场：汉语普通话句末语气词的会话分析》（Stance in Talk: A Conversation Analysis of Mandarin Final Particles），这一直让我心存感激。不论是课堂上紧张激烈的学术争论，还是课后的谈笑风生，我都时刻感受到先生的言传身教，领略他的学术气魄和人格魅力。我跟随先生的时间虽短，但所得熏沐难以言喻。张先生刚毅的品格、自立的精神、严谨的学风、渊博的学识、谦虚的胸襟对我的影响既深且远。

本书在写作过程中，还得到了西安外国语大学党争胜教授、姜占好教授，西安外国语大学学报编辑部主任王和平教授、石春让教授、郑荣副教授、周永平副教授、薛旭辉副教授和吕生禄副教授，广东外语外贸大学孙毅教授，西北政法大学外国语学院马庆林教授，吉首大学白晋湘教授、刘汝荣教授、丁志斌教授、唐小田副教授，中国社会科学院语言研究所邓婕博士后的关怀和帮助。

本书在修订过程中发现了很多不尽如人意的地方，但一篇大的学术论文，要从头再来，从时间和精力上，肯定是不允许的，也是不可能的了。这次修改，把自己最新完成的几篇相关论文也收录了进来。斗转星移，岁月如梭，转眼间博士毕业已经四年多了，我的书稿还束之高阁。在市场经济的大环境下，当下中国的学术著作出版很难，特别是纯语言学的研究，可我却很幸运，遇到了好心人。他们热情地伸出了帮助之手，在很短的时间内，满足了我的出版要求。这真让我感动，到底天底下还是好人多。在这里，我要深深地向大连理工大学出版社的负责人、编辑朋友们表示最诚挚的谢意。

本书的出版也得到了湖南省教育厅重点科研项目和吉首大学高层次人才引进项目的资助，同时也得到了福锦国际咨询有限公司董事长雷开朝先生的大力支持。雷董事长在我回到吉首大学后，第一时间提出与我展开少数民族文化保护与传承方面的合作，让我能将所学运用于实践来帮湘西州少数民族及偏远山区更多的人。

我深知，学术研究路正长、正艰苦。我将沿着前辈开辟的路一直走下去，奋力前行，力争在学术和教学中取得更大的成绩来回报恩师、同学、家人的关爱，来书写自己人生更加美好的未来。

刘　锋

2024 年 9 月 10 日于湖南吉首